FINANCIAL
SYSTEM

论中国金融体系的主要矛盾与稳定发展

何佳◎著

中国金融出版社

责任编辑：陈　翎
责任校对：李俊英
责任印制：张也男

图书在版编目(CIP)数据

论中国金融体系的主要矛盾与稳定发展 / 何佳著. — 北京: 中国金融出版社，2020.11

ISBN 978-7-5220-0874-5

Ⅰ.①论…　Ⅱ.①何…　Ⅲ.①金融体系 — 研究 — 中国　Ⅳ.① F832.1

中国版本图书馆CIP数据核字 (2020) 第207667号

论中国金融体系的主要矛盾与稳定发展
LUN ZHONGGUO JINRONG TIXI DE ZHUYAO MAODUN YU WENDING FAZHAN

出版
发行　**中国金融出版社**

社址　北京市丰台区益泽路2号
市场开发部　(010) 66024766，63805472，63439533 (传真)
网 上 书 店　http://www.chinafph.com
　　　　　　(010) 66024766，63372837 (传真)
读者服务部　(010) 66070833，62568380
邮编　100071
经销　新华书店
印刷　保利达印务有限公司
尺寸　150毫米×230毫米
印张　16.25
字数　166千
版次　2020年11月第1版
印次　2020年11月第1次印刷
定价　55.00元
ISBN　978-7-5220-0874-5
如出现印装错误本社负责调换　联系电话 (010) 63263947

何 佳

　　现任上海北外滩金融研究院院长，信熹资本董事长，中信证券独立董事，湾区国际金融科技实验室学术总顾问，中国金融学会常务理事及学术委员会委员，教育部长江学者讲座教授，深圳市金融发展决策咨询委员会委员，清华大学双聘教授及博士生导师。

　　曾任中国证监会规划发展委员会委员，深圳证券交易所综合研究所所长，香港中文大学金融学教授及中国金融研究中心主任，美国休斯敦大学终身教授，南方科技大学领军教授，武汉、泉州政府金融顾问，黑龙江生产建设兵团战士等。

序　言
我的金融研究之路

对中国早期改革开放影响较大的一本书是《短缺经济学》，是一位匈牙利经济学家亚诺什·科尔内在1980年写的。书中出现了不少关键词，例如，短缺经济、投资饥渴症、扩张冲动、父爱主义、软预算约束等，比较好地描述了我们所熟悉的计划经济的特征，因此引起了中国学者的关注。作者用经典的经济学分析方法分析了计划经济，抓住了计划经济供给不足的主要特点，从而比较好地解释了计划经济的各种情况。人们在学习这本书的同时，提出了为什么伟大的中国改革实践没有产生相应的理论成果、为什么当时的中国没有产生科尔内等问题。目前，中国的改革开放已经取得了很大的成绩，中国的经济体量已经是世界第二，仅次于美国。但是我们的金融体系近年来问题不断，使得党的十九大把金融稳定列为三大攻关项目之首，把金融稳定和金融安全列为国家稳定和国家安全的重要组成部分。我这些年来一直致力于系统地把中国金融体系的机理搞清楚，搞清楚中国金融体系的主要矛盾，建立中国金融稳定理论和分析框架。能够做到这些的主要基础，源于我早期在北大荒的艰苦磨炼，以及后来在美国宾夕法尼亚大学沃顿商学院的训练和在中国证监会和深圳证券交易所的历练。这也是我写本书的主要基础。

我借用本书的序言讲一下我的金融研究之路，从1983年到今天，这条路已经走了很多年。我1983年去美国沃顿商学院攻读金融学博士期间，应该说是受到了很严格的经济金融学训练，我赞叹那里的学术氛围尤其是思维的活跃和做学问的严谨。1995年从美国返回中国香港，曾经在中国证监会和深圳证券交易所任职，亲历了一些中国金融改革开放的实践，让我大开眼界，感叹猫抓老鼠的艰辛和诱惑。为了能够比较好地讲清楚我的研究思路，我重点关注两个方面。第一是在美国沃顿商学院的训练，我主要搞明白了经济学和金融学在研究问题和研究方法等方面的主要差别，弄清楚了金融学最为核心的抓手或基本原理。金融体系庞大而复杂，没有核心抓手是根本不可能理解好的。第二是在中国金融监管部门的工作，让我明白了中国经济改革开放的主要策略和具体做法，搞明白了为什么要搞渐进性改革，具体是怎么做的，有什么问题是必须关注的。这两方面的基础——美国沃顿的训练和中国金融监管部门的实践对我的研究都非常重要。当然很多在那时对我的影响都是潜移默化的，把很多感悟联系在一起并且成体系地表述往往是多年以后的回顾和总结。结合这两个方面，我逐渐领悟了什么是中国金融体系的主要矛盾，什么是中国金融理论。我也常常把在沃顿的学习说成是得到了高人指点，去中国体制内工作说成是得到了贵人提携，另外我还把在北大荒的经历说成是艰苦磨炼，而把这么多年不断地努力研究说成是持续努力。总结了这些，我常常告诉我的学生们所谓的成才之路就是：艰苦磨炼、高人指点、贵人提携、持续努力。

在开始写这本书的时候，我突然觉得北京和金融是我这辈子成长的两个助推器。北京是祖国的首都，北京西城区的金融街是中国金融体系的心脏，我这个上海人及理科生和北京及金融结缘是无意的，但是收获颇丰。我和北京结缘起始于1978年。1978年夏天我作为一个工农兵学员，在黑龙江大学数学系结束了3年的学业，被分配到地质部工作。回上海休息了两个月，就坐上火车去北京工作，这也是我第一次去北京。1978年，也正好是中国开启了改革开放的伟大征程，至今已经40多年了。从2000年开始，我几乎每个月飞两次北京。不经意之间也碰上了在祖国首都发生的很多事情，例如国庆30周年、50周年、60周年；申奥成功；还有近年来北京最大的那场大雪，最大的暴雨，最厉害的沙尘暴，最堵车的中秋节前夜，等等。至于我和金融结缘，是从1983年开始的。那年我从上海出发去美国攻读金融学博士，算起来也快40年了。我曾经在美国、中国香港和内地的一些大学担任过金融学教授，在中国证监会和深圳证券交易所工作过，在内地和香港的证券公司、基金公司、商业银行当过独立董事，甚至还在一个私募股权投资公司当过挂名董事长。我曾经作为监管者参加过深交所的创业板早期建设工作，也曾经作为投资者参与了首批在上交所科创板上市的公司的股权投资。

回顾自第一次去北京和第一次去美国学习金融，这40多年来中国的变化太大了。1978年的北京还是一个古朴的都市，1983年中国的金融体系还是只有一个"人民银行"的单一体系。如今一切都大变了。当然我们的生活环境也随之改变了，这也是我念念不忘的。记得1984年在宾夕法尼亚大学的一个英语培训班上，我们的英语老师问的第一个问题就是，"你们当中有多少人年少在家时，是有个人单独房间的，请举手！"来自中国的学生几乎没有一个举手，因为我们小的时候不仅没有单独的房间，连单独的床可能都没有啊。但是今天在美国读书的中国孩子，如果再遇到同样的问题，相信大部分孩子都会举手了。

一、起步（1971~1983年）

我们这些生在新中国、长在红旗下的共和国第一代，确实经历了一段大江大海的人生，见识了很多人难以想象的第一次，遍历了很多很多的变化。简单来说，1971年我初中毕业，就从上海出发远赴黑龙江北大荒屯垦戍边，1975年作为工农兵学员到了黑龙江省省会哈尔滨市黑龙江大学读书，1978年又到了首都北京，在地质部150工程从事石油勘探数据处理工作，1980年又回到了上海去上海交通大学读研究生。这也算完成了从上海出发，又回到上海原点的第一圈，历时9年。1983年又从上海出发，远赴美国费城在宾夕法尼亚大学沃顿商学院读金融学博士，1995年回到香港在香港中文大学工作，不久又去中国证监会和深圳证券交易所工作，2014年去了深圳在南方科技大学工作。从1971年算起，我已经兜兜转转50年了。作为清华大学的一名双聘教授，我也基本满足了清华大学"为祖国健康工作50年"的要求，感恩这个伟大的时代！

在这50年的工作经历中，我对不少事情记忆深刻，其实这也是时代的记忆，成长的记忆。其中最重要的转折点，还是要数1978年，那一年不但国家改变了，我们的人生进程也改变了。每年12月18日是改革开放的纪念日。2018年12月18日是改革开放40周年纪念日，《人民政协报》出了一个纪念特刊，从各个方面讲述改革开放以来的历史变化和经验教训。在这个特刊中，用一个版面的篇幅刊登了《补短板，促发展：金融科技服务小微任重道远——访南方科技大学领军教授、信熹资本董事长何佳》。在这个访谈中，记录了不少在这本书中将会谈到的内容，主要是我对中国金融体系的理解以及我的中国金融稳定理论。40年的中国改革开放大潮，把我这个理工男卷入了备受争议的中国金融圈，也让我站在了中国金融理论研究和实践的前沿。从我自身的经历，我一直认为，人生道路的最好选择就是跟着时代发展的潮流走，跟着国家发展的需要走。这是我们这一代人的经验。1978年8月，作为一名工农兵学员，我从黑龙江大学数学系毕业被分配到地质部150工程，来到北京工作，我在北京赶上国家的改革开放是很幸运的。在这里我要解释一下什么是工农兵学员。这是一个具有深刻历史背景的名词。1966~1976年，中国发生了"文化大革命"，所有大学在1966年停止招生，直到1973年大学才恢复招生。从1973年到1976年一共招了四届学生。当时的招生方式主要是从工人、农民和士兵中推荐选送，基本不用考试，所以这些学生被称为工农兵学员。我1962年在上海念小学，小学四年级时"文化大革命"爆发，初中基本没有读什么书。1971年初中毕业就去了地处北大荒的黑龙江生产建设兵团6师61团屯垦戍边。我们坐火车从上海去北大荒，那是我第一次坐火车，坐了三天三夜到了黑龙江省双鸭山市福利屯火车站，然后又坐了很长时间的卡车到了驻地。1975年的夏天，团政治处张主任——一位现役军人问我："小何，你愿不愿意上大学？"我说当然愿意啊。我就这样成了一个工农兵学员，很幸运啊。迈进学校大门，真是有点百战归来再读书的感觉。36年后，2011年5月我回了一次北大荒，又见到了垂垂老矣的张主任，我向他报告，我已经圆满地完成了学习任务。前几年在一次荒友聚会上，我才知道了我被推荐上大学背后的故事。简单地说，是有一位大哥推荐了我，又有一位大姐放弃了本来属于她的名额，这样我才得以上大学，确实是很多战友成全了我。我非常感谢我在北大荒的首长和荒友们。我在地质部150工程的主要工作是用当时我国自主研发的每秒运算150万次的电子计算机处理石油勘探数据。我当时对改革开放没有太多的理解，每天除了工作就是学习，对于金融更是一无所知，只记得在1980年，我响应国家号召买了一点国债，算作对国家建设的支持。后来也把这个事情忘记了。但是1978年的改革开放之后，是1979年的中美建交直接导致我去美国留学，才有了我和金融的缘分。

1978年国家恢复了研究生办学制度。1980年，我从北京考入了上海交通大学应用数学系（7系）硕士研究生。由于那时研究生招生数目很少，整个上海交大就招了50多个研究生，而7系就招了我一个。我刚开始就和79级研究生一起上课，很孤单。不久学校就让我选择是留在7系还是加入一个新成立的上海交大和美国宾夕法尼亚大学合办的计算机科学和管理决策科学的双学位班。我选择了后者，现在看来是选对了。20世纪80年代，大家都对国家的前途和个人的前途充满了信心。当时国家副主席王震是上海交大的校务委员会主任，大概是1986年，他以上海交大校务委员会主任的身份来沃顿看望交大学子，他穿着一双黑色布鞋，很和蔼地和大家聊天，还和我聊了一会儿。在这个双学位班，有不少来自宾夕法尼亚大学的著名教授，包括美国计算机协会主席、美国运筹学会主席、美国金融学会主席等都来给我们上课。有一个美国教授在上课时，还给我们每一个学生送了一瓶可口可乐。我是第一次喝，那时觉得像喝中药一样难受。

二、我的沃顿岁月（1983~1988年）

1983年，我从上海交大硕士毕业，自费公派去了美国宾夕法尼亚大学沃顿商学院攻读金融学博士，从此开始了我的金融之旅。我们从上海起飞，在旧金山入境，然后飞到纽约市，这也是我第一次坐飞机。飞机在纽约肯尼迪机场降落，我们坐上了中国驻美国纽约总领事馆派来接留学生的车。当车行驶在高速公路上，我们看到的是前所未见的车水马龙的壮观景象，很多人叹息白活了半辈子，因为那时中国还没有高速公路，各方面还很落后。有意思的是，二三十年后，当一些留学生再次回到中国，看到中国一线大城市的繁荣景象，不禁又叹息自己又白活了半辈子。这样一来一去就白活了两个半辈子，反映了中国改革开放的巨大历史变化。庆幸的是我在1995年就从美国返回中国了，也就没有了第二个感叹，因为我搭上了中国飞速发展的快车。

在纽约总领事馆学习了两天，我就乘坐灰狗大巴去费城，开始了我的学习生活。在第一学期上的课中，我对两门课的记忆最深，这不仅仅是课程的内容，而是任课教授的风格。一门课是宏观经济学，上课的教授是一个日本人，刚从麻省理工学院转过来不久。他在麻省理工学院和一个诺贝尔经济学奖获得者一起创立了生命周期消费理论。他上课时，把眼镜架在脑门上，只讲自己的研究工作，既没有指定教科书也没有任何讲义。有学生问他能否指定几本教材，他的回答是如果他的讲课内容能在教材里找到，那还需要他在这里干吗？还有一门课是货币经济学，教课的教授给了我们一本讲义，全是他自己的学术论文，几十篇之多。这位教授上课时，常常戴着一副白手套，挥舞着一根长长的教鞭如同挥舞一把指挥刀一样。经过这两个教授的一顿折腾，我有点明白了什么叫博士生课程。博士生课程就是由那些参与创立学科的教授们讲授最前沿的、在任何地方都找不到的和你根本听不懂的内容。用当时教授们的话，博士生课程的作用就是把博士生扔到半空中，谁能够安全落地且能够站住，谁就有能力尽快地在学科的前沿领域作出突破。看来高水平教授辅以简单粗暴和类似俾斯麦的铁血政策就是培养合格博士生的秘诀。博士生资格考试是残酷的，被称为是要被扒掉一层皮的磨难，我们一般要经过3次到4次的资格考试，每次考试据说都有1/3的学生被淘汰，被淘汰的学生常常是拿一个硕士学位走人。我亲眼见到一个中国学生没有通过资格考试，躺在屋里不吃不喝，他的太太也离开了他。我多亏了有比较好的数学功底，文字上想不明白，咱就通过数学去想，这套办法尤其在微观经济学的课程上管用。沃顿的金融博士微观经济学课程有两门，ECON701和ECON703，和宾大经济系的博士生一起上，我第一门拿了个A，第二门居然拿了个A+，但是拿A+的实际分数才70分，可见考试的难度不低。由于我的学习成绩还行，我还幸运地拿到了沃顿商学院给的大学奖励（University Fellowship），号称是奖励给未来的优秀研究者的，每年3000美元，沃顿金融系的博士生每届只有一个学生有此荣誉。在当时，除了正常的奖学金，每年再增加3000美元还是很令人兴奋的，毕竟国内的工资才几十元人民币一个月。现在看来，给我这个奖励可能还是有点道理的，但还是不敢确定自己能否做出很大的令人承认的研究成果。很早就有人告诉我，在顶级学校的眼里，如果你这个学生没有作出顶级贡献，学校是不会认你的。因此，我过去每次回沃顿，都是悄悄地在大草坪上转一转然后就离开，总感到还没有做出被认可的成绩。

第一年的学习确实是一种煎熬，我会常常感觉到心脏有早搏的现象，确实身心疲惫，慢慢就好了。在接下来的学习中，不少教授的课对我影响不小。首先是，做研究一定要做真正意义上有原创性的研究。有个教授告诉我们，尤其要做那些现在也许不是主流，但是确信将来一定会成为主流的研究。也就是说，不要一味地去追赶热点，要静下心来思考学科的未来发展趋势。这和亚马逊的贝索斯讲的企业要选择几年以后会成为热门项目的道理是一样的，这样就可以避免无谓的竞争，建立垄断地位。我们每个人都要试着在荒山野岭挖一个大坑，然后种上一棵树，这棵树将会最终独木成林。还有一个教授告诉我们，学科的发展，就像一棵成长的大树，很多研究只是这棵树上暂时存在的枝枝叶叶，最后只有主干和重要的分支才会长久地留下。我们应该力争做形成主干的研究。这些潜移默化的影响应该是导致我很早就返回中国，参与中国金融改革开放的实践，同时研究中国金融理论的重要原因吧。

其次就是要看原始研究文献，从而知其然且知其所以然。宾大经济系有一个教授创立了经济学中的代际模型（Overlapping Generations Model）。在经济学教科书中，一个最重要的结论，竞争性均衡一定是帕累托均衡，隐含一切交给市场就好，但是这个结论在代际模型中就不成立。沃顿金融系有一位教授证明了资本市场一股一权的前提是产品和要素市场是完全竞争的。在中国一股一权通常被认为是天经地义的，但是其成立的前提和中国实际是不相容的。在中国，由于融资渠道向国有企业倾斜，一些战略性领域也是偏向国有企业。当国有股和这些资源可获得性相连时，自然要求一股大于一权。这方面的例子我还可以讲出很多。我常常告诉学生们，不要仅仅看教科书，尤其是那些不是创造学科的学者写的教科书，要多看原始文献。"只有是你创造的，才是你讲得清楚的"，这是至理名言。

还有一个感悟就是，经济学就是经济学，金融学就是金融学，数学只是工具。我给1980年诺贝尔经济学奖获得者克莱因教授当了两年研究助理，我的主要工作是为一个庞大的链接全球各国的计量经济模型，LINK项目，写界面语言。在上海交通大学的计算机科学又有用处啦，编程技术让你在任何时候都有饭吃。克莱因教授讲的很多话我都忘记了，只记住了一句，那就是要像一个经济学家那样用经济思维去思考问题。据说克莱因教授在拿到诺贝尔奖前，每天工作到凌晨2点，拿到奖后还每天工作到半夜12点。克莱因教授对我们这些学生很好。记得我1984年给克莱因教授当研究助理不久，就跟他去联合国参加他主持的会议，那时LINK项目的大量研究经费来自联合国。开会的具体事情都记不清了，只记得我那次住在纽约曼哈顿的华尔道夫酒店，宴会后还抽雪茄，这对1984年的我，真是开了一次洋荤啊。第一次在美国出差就有如此待遇真好，这大概也是老师要培养商学院学生的品位吧。在用经济学思维思考问题这方面，有一位给我们讲授公司金融的教授也让我至今不忘。公司金融文献中有很多复杂的模型，不少是基于信息不对称理论及博弈论的，数学公式一大堆。但是这位老师从来不讲数学公式，只用数值例子，用几个数字就能讲清每篇文献的经济含义，功力真的是太高了，让我们受益匪浅。他的课程讲义后来我不知道借给谁了，一直没有还我，很是可惜。受这些影响，我现在写文章，基本不用数学公式，尽可能地用大白话或者用数值例子讲清楚我研究的逻辑和想说明的问题。我在这本书里也会尽可能地用大白话去讲清楚问题。

再讲一下我的导师对我的教导和影响。我的导师杜马教授，是位法国人，经常穿一件红色的皮夹克，老是要我卷起舌头讲英语。杜马教授是国际金融研究的大牛。尤其值得称道的是，当其他国际金融研究者只是在现有的框架里增加一个和国际金融相关的因子，例如汇率等，而杜马教授的研究，是在研究国际金融的特殊问题时，提出新方法或新思路，从而推动一般金融理论的发展。例如，在一般的金融定价理论研究中，研究者通过令人信服的经济金融学考虑，包括市场出清条件以及分散决策机制和统一决策机制的同构，可以绕开交易和交易量的讨论，完美地推出资产价格的动态方程。但是资本的跨境流动恰恰是国际金融研究的核心问题之一，是人们在研究国际资产定价的同时必须关注的问题。于是杜马教授发展了一套新的方法，针对资本跨境流动研究的需要，直接推出了考虑交易和资本流动的资产定价模型。这就是从一般问题出发到特殊问题，再从特殊问题回到一般问题的研究逻辑，从而推动学科的发展，只有这样才能有效地取得突破，真正做出有原创性的研究。他也告诉我经济和金融研究与一个地方的法律环境、制度框架、文化历史都有很大关系，这和理工科的研究是完全不一样的。

总之，我在沃顿看到的不少教授都是和业界及政府保持紧密联系的。例如，有一个来自欧洲的教授，回国当了央行行长；有一个教授还出任了美联储费城行长；有一个老教授当了数不清的公司的董事，日子过得很好，常常请我去他家吃饭；还有的教授暑假去华尔街为他的学生打工，赚取百万美元的暑假收入，后来就干脆去华尔街当了高盛的合伙人，高盛后来上市，他一下子就获得9000万美元；还有一个教授在外面创建了一个对冲基金，开着加长汽车来学校上课，上完课又坐着加长车离开。这些教授们在学术领域都作出了巨大贡献，或者说，正是由于这些贡献才使他们可以在校外如鱼得水，并且反过来推动科研和教学。例如刚才提到的那个创立了对冲基金的教授，他的好几个合作者后来都拿了诺奖，而他除了诺奖，其他重要奖项也都拿了。但是他在创立了对冲基金不久后，也就离开了学术界，等于放弃了诺奖，有时鱼和熊掌不可兼得。这些教授们的行为对我也有很大的影响，回到中国后我一刻都没有闲着，一直和中国业界及政府部门保持着紧密联系。后来我在南科大创建了金融系，我也要求系里的教授和业界保持联系，我说我希望每周只3天在办公室看到他们。我确实每周只见到他们两三次，倒不是他们出去了，而是因为我自己常常不在。一流的商学院或者金融系，应该有相当一部分教授能够在业界和政府发挥重要影响，做不到这一点说明你的水平还差点。好像美国中等水平的州立大学的商学院基本对业界和政府影响不大，教授们基本上就是在办公室里写写论文，似乎中国香港的一些大学也是如此。

三、读完博士，继续在美国的岁月（1988~1995年）

1988年，经过将近5年的学习，我博士毕业了。第一个工作去了纽约的巴鲁克学院的经济与金融系。1989年5月我回宾夕法尼亚大学参加了毕业典礼，学校邀请了美国哥伦比亚广播公司"60分钟"节目主持人麦克·华莱士作主持嘉宾，华莱士先生曾经在1986年和2000年分别采访过中国领导人邓小平和江泽民。1989年正好是华莱士先生大学毕业50周年，美国大学的一个重要传统是为毕业50年的大学生和刚刚毕业的大学生建立联系和友谊。华莱士大学在宾大1989年毕业典礼上讲的话我基本都忘记了，只记住了一句"Do good and do well"。我后来也常常用这句话去鼓励我带过的毕业生，希望他们毕业后既要做好事，还要取得成功。我去巴鲁克学院工作最大的收获，就是和马柯维茨教授作同事。马柯维茨教授是现代金融学的鼻祖，创立了现代资产组合理论，后来还获得了诺贝尔经济学奖。马柯维茨教授兴趣极其广泛，在博士生阶段创造了资产组合理论，后来又搞出了一套二次规划的算法，然后又管理了一个很大的基金，他确实也没有发表几篇学术论文。从他那里，我学到了什么是兴趣引导工作，兴趣创造奇迹。我后来在休斯敦大学申请终身教职时，马柯维茨教授还是评委，但是我没有看到他写的具体内容。在巴鲁克学院，我还遇到了一位很有意思的经济与金融系的系主任，他家在曼哈顿有一个公寓，平时住在那里，周末就去郊区的一个别墅度假。他家的两个地方我都去玩过。他曾经告诉我纽约的标志就是一个大苹果，而纽约机会很多，确实也真是一个大苹果，谁都想在这个大苹果上咬一口。看来他已经咬到一口了，他也鼓励我去咬一口，我当然也很想啊。

　　1995年我在休斯敦大学拿到了终身教职。整个程序是先把你的材料送到外部评审专家那里，然后把外部评审专家的意见和你的材料分别送到系评审委员会和系主任；然后再分别送学院评审委员会和院长；再然后是送大学评审委员和大学校长；最后由大学理事会作出决定。校、院、系评审委员会都是由资深教授组成，不包括校长、院长和系主任，这体现了教授治校的原则，以及教授权力和行政权力的平衡。对任何一个主体作出的决定，你都可以上诉。我的外部评审专家，除了马柯维茨教授，还有3位大名鼎鼎的金融学教授，分别来自麻省理工学院、斯坦福大学和纽约大学。在休斯敦大学这样一个级别的大学，大家理解的一个不成文的标准，就是要有三篇顶级学术期刊论文。而成文的标准则是，终身教职不是一种承诺，而是一种特权。这也就是说在任何情况下你都不能确定你是否能够拿到终身教职，听天由命和无所谓是最好的态度，毕竟世界很大，此处不留人自有留人处。另外，我在休斯敦大学金融学遇到了一位很好的教授，他来休斯敦以前是沃顿的教授，在公司金融领域作出过开创性的贡献。他的性格非常耿直，在每年一次的全院教授大会上，他总是挑战院长。系主任去他的办公室时，他常常把脚放在办公桌上和系主任说话。这就是大教授啊，这些我以后也都学会了，而且有时也是自觉或不自觉地做了同样的事。在美国大学当教授，大家觉得学校的工资并不高，就是自由，就是想怎么样就怎么样，不然就不在大学里待了。一般来讲，业界的工资比教授的工资要高不少，如果业界给的工资是在学校当教授工资的5倍，这就是一个平衡点。如果超过这个平衡点，你才会考虑出去干干。

毕业后，我才知道金融的论文从投稿到发表的周期很长，2年或3年很正常，可能搞金融研究的人比较小家子气或者太严谨了，审论文稿子太吹毛求疵了。我的运气算是比较好的，稀里糊涂地就在6年里发表了3篇，都是和同学及朋友合作的。我的论文本身没有太大的贡献，但是每一篇论文后面都有故事。我的第一篇论文送出去后，审稿人提出了很多没有办法修改的意见。怎么办，找老师啊，刚毕业的学生一般都是这样的。我的一个当年在沃顿的教授那时已经去了麻省理工，我把审稿人的意见给了他，老师真的太好了，帮我们起草了一封对审稿人意见的回复信。其大意就是审稿人的意见是不合理的，我们没有必要按照审稿人的意见去修改。哈哈，这就成了。我的第二篇论文，触及一个很有争议的问题，审稿人和主编意见很不一致，主编想拒绝，但是审稿人支持我们。经过几轮折腾，也被接受了。看来我们的审稿人很厉害啊，比已经很厉害的主编还要厉害，但是至今我也不知道审稿人是谁。一般都说，神仙打架，小鬼遭殃，我们的情况却是神仙打架，小鬼获利。我的第三篇论文投稿最顺当，审稿人是法玛教授，2016年诺贝尔经济学奖得主。他在收到我们的稿件后，只用了三天时间就指出了我们的问题，并且给了修改意见，效率实在是太高了。我们按照他的意见修改完后再寄回去，他基本就让我们过了。这可真是应了一句老话，阎王好过小鬼难缠。虽然审稿人都是匿名的，但是我们很快就知道了法玛教授是我们论文的审稿人，因为我们有个朋友在芝加哥大学读金融博士，法玛教授在课堂上提到了我们的论文。再后来该期刊的主编来港科大访问，我去港科大见了他。主编一见到我就问我是否知道我那篇论文的审稿人，我告诉他是法玛教授，他高兴地笑了。

在美国的这段时间，真正让我兴奋的是，1990年夏天女儿降临，1992年春天儿子出生，金童玉女都来了啊，这俩孩子给我们家带来了所有的好运。

四、返回中国，放飞自我（1995年至今）

1995年的夏天，我去内地的几个大学，包括北京大学、南京大学、华中科技大学、上海交通大学走了一下。回来时路过香港，香港城市大学邀请我去工作。一过完1995年的平安夜，在圣诞节的那天早晨我们全家就启程去香港了。为什么要去香港？为什么拿到了终身教职马上就离开？有人在那时和现在都问我这些问题。我的想法其实很简单。第一，如果我在沃顿或麻省理工等顶级大学当教授，我一定会在那里多待一些时间。拿到了终身教职就离开，在时间上是最佳选择，因为我可以有个交代了，我在美国的任务算是比较圆满地完成了。第二，中国有句老话，叫作父母在不远游。我觉得应该把这句话改成父母年岁大了就不能继续远游了。1995年，我们的父母都已经年过70了，我们该回去了，不能继续远游了。第三，希望能在中国挖个大坑，种一棵大树，成就一番事业。第四，香港是个美食天堂，美国的食物太单调了，我们也该换换口味了。这第四点，一到香港马上就验证了，香港城市大学地处九龙塘，那里的美食太多了。1998年我去纽约开会，一次在纽约最好的中餐馆吃饭，我抱怨那里的菜肴一般。老板听说我是从香港来，马上就觉得我说得在理。

我在香港城市大学待了一个学期，在1996年的夏天就去了香港中文大学工学院系统工程系担任副教授，开展金融工程方向的筹建工作。香港中文大学最吸引我的地方是漂亮的校园，那可是山水相连和海景无敌。大学占据了整整一座山，整个校园依山而建，大致可以分成三个部分，山底、半山腰和山顶。另外，港中大工学院的创院院长曾经是哥伦比亚大学工学院的一位系主任，是一个非常和蔼的老人。他亲自参加了系里的招聘会，听我讲述我的工作论文和工作计划，还请我吃饭。老院长1997年离开了学校。我在工学院建立了金融工程实验室，招收了金融工程方面的本科生、硕士生和博士生，完成了预定的目标。两年后，我提出去港中大商学院金融系，学校批准了，但是还是只给了我一个副教授职位。因为在这两年中，我又发表了3篇顶级期刊论文，信心满满，于是我对标港中大金融系其他教授的成就，向李国章校长提出了申述。两天后校长就给我回信，说他非常高兴地考虑了我的申述，同意我担任金融系教授。原来校长治校就是一切都是校长说了算啊，早知道那样我还应该提出给我涨工资的要求啊。学界有一条不成文的条例，一个有潜力的学者，应该在拿到博士学位10年之内当上正教授，我正好踩线，我现在也常常告诉年轻教授这个惯例。港中大李校长是大户人家出身，又是拿手术刀的外科医生，是我接触过的香港中文大学校长中最有魄力和最能干的。李校长曾经告诉我，由于他的职业训练，碰到问题，他就用手术刀把问题切开和把坏东西挖掉。我后来在内地大展宏图时，听说有人在校长那里告我的状，校长说只要我完成了港中大的任务，就让我在内地好好发展。在1998年，有内地背景的在港中大担任教授的包括我只有三个人。这使得我充满信心到内地去闯荡，因为我已经准备好了。

1998年，我先去人民银行五道口研究生部承担金融衍生品课程，开启了我进入中国内地金融业的路程。五道口为中国培养了很多金融人才，很多金融从业高管和金融监管高官都是从那里毕业的。当时五道口的条件一般，那栋红色大楼还没有盖起来，我还住过公社招待所，课酬也很低。当时五道口的主任是唐旭教授，他是五道口的第三届毕业生。我每次去五道口上课，他都要请我吃饭。大概是在2004年，唐主任调任人民银行研究局局长，并且担任中国金融学会秘书长，他提名我担任了中国金融学会常务理事及学术委员会委员。中国金融学会会长是人民银行行长，副会长都是副部长。一般的股份制商业银行行长顶多也就是常务理事。我在五道口还比较艰苦时就付出了努力，显然是有功的。1999年的一天，我应邀去了时任建设银行行长周小川的办公室，办公室很大，周行长非常厉害，全知天下事，甚至还读过我1998年在一个顶级学术期刊发表的一篇有关汇率风险暴露研究的论文。汇率风险暴露度量方法是我导师杜马教授在1984年提出来的。虽然美国企业家都认为汇率变化是影响企业业绩最重要的因素之一，但是研究者用美国数据怎么也测量不出来，于是这被称作是一个悖论。我到香港后，利用日本企业数据和日本独特的以金融机构为核心的产业集团做了进一步的研究，而汇率危机又是1998年亚洲金融危机的重要方面，自然引起周行长的关注。2000年左右中国证监会在时任主席周小川的主导下，引进了不少海归，主要是在海外工作多年的内地留学生和在香港金融监管部门富有监管经验的人员。绝大部分人进入证监会后首先进入中国证监会规划发展委员会，规划委主任是证监会时任副主席高西庆。2000年的一天，我在香港中文大学的办公室接到了证监会人事部的来电，让我考虑去证监会工作。我当时飞速地算了一下我的银行存款和必需的开支，觉得我可以在不影响家庭安排的情况下去证监会工作两年，因此就满口答应，因为这是一个好机会，可以在体制内直接参与中国的金融改革开放工作。在去证监会工作前，高西庆副主席到香港出差，约我谈了一次。高副主席是学法律的，美国杜克大学毕业，非常专业。

　　我在2000年担任深圳证券交易所博士后工作站学术总指导，2001年担任中国证监会规划发展委员会委员及深圳证券交易所综合研究所所长。作为规划委委员，我可以列席证监会的主席办公会议，这是证监会日常工作的最高决策会议。这也给了我一个机会可以近距离观察中国证监会的决策过程。当时体制内的条件非常宽松，领导对我们非常照顾。考虑到我的具体情况，证监会给我的安排是家住香港，工作地点在深圳，向证监会领导负责。我去证监会报道后，马上又去深圳证券交易所，向深交所时任总经理张育军报到。张总告诉我既然我的工作地点在深圳，就安排我担任深交所综合研究所所长。当时深交所综合研究所的办公地点在上步工业区203栋，是深交所最早的办公地点，大楼里有不少记录深交所发展历史的老照片。我进入体制后的第一件事，就是写了一个有关中国证券市场内幕交易的报告，这个报告用事件分析方法，发现上市公司重大信息披露之前有异常交易，这表明我们资本市场中的内幕交易猖獗。这个报告得到了证监会周主席的重视，特地批阅并且下发到深圳和上海两个证券交易所及证监会在各地的派出机构，我也初战告捷。依据这个研究我还建议改变当时的市场监察方法，不但要实时监测异动，还要在重大事件发生的窗口作异动事后监察。我还承担了其他证监会领导安排的工作。那个阶段确实很忙，我经常在北京、深圳、香港三地行走。记得那一阶段的很多事情都让我在北京撞上，例如"申奥"成功、"9·11"事件、北京2011年底的大雪等。我觉得我很幸运，可以在监管部门直接参与中国资本市场的建设工作是很难得的，我也结识了很多在证监会和深交所工作的优秀同事。周小川主席是提携我进入中国金融体系的贵人，非常感激。

另外，1999年起，根据国家的安排，深圳证券交易所开始着手筹建创业板，2000年10月之后甚至为此停止了主板的IPO项目，2001年11月，高层认为股市尚未成熟，需要先整顿主板，于是创业板计划搁置。在深交所创业板建设过程中，证监会副主席陈东征调任深交所理事长，证监会机构部主任宋丽萍调任深交所常务副总经理，香港交易所前行政总裁徐耀华担任深交所副理事长。由于创业板计划搁置，我也很失望，决定离开深圳回香港。现任香港交易所执委的毛志荣先生，当时在美国一个知名金融机构担任高管，是深交所急需的高级人才，他来深交所的面试是我主持的。后来他来深交所报到时，我开玩笑地对他说，创业板不搞了，你还是回去吧。2002年11月，一位自称"我为伊狂"的网民，在人民网"强国论坛"发表了题为《深圳，你被谁抛弃》的文章。这篇网文一开始通过网络在民间大量传播，经《南方都市报》报道后在深圳乃至全国引起了极大的反响，更引起深圳市时任市长于幼军的关注。深圳市政府及市民都进行了全面的审视和反思，希望借此全面改变现实，于幼军对该文的正面回应是：谁也抛弃不了深圳。2003年7月，国务院调研组到深圳调研，该网文作者呙中校，一个真正的"70后"，以民间代表的身份应邀参加了座谈；之后，网文《深圳，谁抛弃了你》重新整理正式出版成书，部分内容被写成内参送交北京高层。在这篇文章里，我也被提到："2002年9月，深圳证券交易所综合研究所所长何佳突然辞职。何佳是美国宾夕法尼亚大学沃顿商学院博士，为香港中文大学金融系终身教授，同时也是中国证监会规划委委员，在证券业内享有很高的威望。2001年何佳被深交所聘为综合研究所所长，同时兼任深圳证券交易所博士后工作站学术总指导等职务。在他担任所长期间，研究所的研究力量被业内公认为一流，因此何佳辞职返港引发了不少留言。"其实我也没有抛弃深圳，2004年后又回到了深圳，开创了深圳的金融MBA教育。

离开了证监会和深交所，马上就收到了中欧国际工商学院院长张国华教授的邀请，邀请我去担任中欧的EMBA核心教授。给中欧的EMBA学生教授金融课程，是由于我多方面的经历。中欧的EMBA学生很优秀且自我感觉良好，老说顾客第一，我告诉他们在这个世界上稀缺资源第一，我可能比他们要稀缺得多，他们老说中欧多牛，我就告诉他们中欧和沃顿相比根本不是一个数量级的。对这些自以为是的EMBA学生，我的原则就是坚决打掉他们的威风，从源头上镇住他们，这一招很管用。我能够镇得住，是因为我的革命经历足够长，我的金融职业经历足够丰富。在去证监会的前后，我还得到了一些其他的机会。1998年，北大光华管理学院邀请我去当金融系主任，为此我还专门去了北大一次。北大的校友很热情。我最后没有去，主要是因为两个孩子上学的事情。2004年，清华大学经济管理学院也邀请我去当金融系主任。我非常敬重清华经管学院的赵院长，理应去清华效力，后来考虑再三还是因为孩子们的教育问题没有成行。2006~2007年，在母校上海交大安泰管理学院金融系当了一年系主任。

另外，在去证监会和深交所工作的同时，2000年，香港中文大学和清华大学合办金融方向MBA项目，这也是在中国第一个此类项目。我是这个项目的创始主任，从1999年起一直当到2015年。由于沃顿的MBA项目是以金融为主，我一直把我们的金融方向MBA项目说成是和沃顿类似的MBA项目。这个项目从2000年起，在北京每年招收70个学生，从2004年起又在深圳增设一个班，也是每年招收70个学生。这些学生平均都有10年的工作经验，其中有很多非常优秀的实业企业家和金融机构高管。我非常希望学生中有干金融的也有做实业的，如果还能配上一些政府工作人员就更好。我常常和学生聚会，而且是逐年增加，因为学生是越来越多。通过这些学生，我就可以很方便地了解各种情况。中国的金融体系是非常复杂的，很多情况在金融机构总部是很难搞明白的，例如债转股、股转债、明股实债、明债实股等令人眼花目眩，各种通道业务也是名目繁多。而我只要和在一线工作的同学吃顿饭，各种细节就基本有数。当然学生们，尤其是优秀的学生们也很希望从我这里得到一些有用的启发，我也倍感压力。我在这本书里要讲的中国金融理论，就是在2010级的侯佳同学的要求下开始系统考虑的。侯佳同学是2010级的学习委员，一个非常优秀的学生，她在快毕业的时候给我提出一个要求，就是能否把国际上的金融理论和中国的问题统一起来，形成一个完整的东西，在他们班毕业时讲一次。我欣然接受了这个挑战，并且在他们毕业时，专门给他们讲了一次。以后又给别的班级讲了几次。这也是教学相长的一个好例子。

从2004年起中国兴起了EMBA教育，我也真的成为稀缺资源，在不少学校的EMBA项目讲授金融课程，例如中欧国际商学院、南开大学、上海交大、电子科大、四川大学、江西财大等。从2003年起，我还担任了境内外多家金融机构的独立董事，包括东英金融、中投证券、西部梅隆基金公司、银河国际、中信证券、天津银行等。从2008年起，我还先后担任了武汉政府金融顾问、成都市金融决策咨询委员会委员、泉州市政府金融顾问、深圳金融发展决策咨询委员会委员等职务。通过这些任职以及EMBA教学我可以更多地了解各种金融经营活动，了解金融机构经营者对问题的思考，了解监管政策对金融机构和市场的影响。中国是一个快速变化和发展的经济体，各种问题错综复杂，只有真正掌握第一手资料，你才会理解问题，才会产生灵感，才有可能进而上升到理论高度。

2014年，我受南方科技大学创校校长朱清时的邀请加入南科大，拒任领军教授并且创立了南科大金融系。那一年，我的第一篇有关中国金融理论的文章在人民银行主管的《中国金融》杂志上发表，随后立即被《新华文摘》全文转载。我一般不愿意写文章，总觉得还没有考虑好，是《中国金融》的许小萍编辑不辞辛苦地催着我才写成的。听说我的那篇文章还得到了中国金融出版社时任社长及《中国金融》杂志总编辑魏革军先生的多次表扬，真的很高兴。由于这几年中国金融各类问题频发，提供了机会让我不断思考各类相关问题，不断完善我的中国金融稳定理论。从2014年至2019年，我每年在《中国金融》杂志上发表一篇文章。2018年夏天，我还专门给领导写了一个题为《中国金融稳定》的报告。中国金融稳定在2008年国际金融危机以后成为金融领域最重要的研究方向。

我的金融之路还将继续，我的论文会继续写在祖国大地上。我会在后面的章节阐述我的中国金融理论，尤其是中国金融稳定理论。这是基于我在沃顿商学院的训练和在中国的金融实践。我要感谢我的老师们，包括指点我的高手和提挈我的贵人，感谢我的学生们，还有我的同事们，感谢北外滩金融研究院同事对我写作的支持。感谢中国金融出版社陈翎主任为本书的出版做了大量热情和高效的工作。当然，尤其是要感谢夫人胡小莎不间断地督促和鼓励！感谢舅妈，一个中国社会科学杂志社的专业编辑的指导，感谢两个孩子，珊珊、滔滔的鼓励，感谢岳父岳母多年来对我的关心和支持！

我非常感谢我的爸爸妈妈，爸爸1950年毕业于复旦大学，妈妈1949年毕业于金陵大学。知识分子家里没有别的，就是书多。爸爸不断地买《马恩全集》，妈妈不断地买《鲁迅全集》。虽然我以小学4年级文化闯江湖，但是家里的书香作用一定很大。希望这本书也很香。

何　佳

2020年11月于上海北外滩金融研究院

目　录

第一章

金融问题的全局性

　　我们国家经济体系在1956~1978年是计划经济体系。那个时期，我国基本上只有一家银行——中国人民银行，货币发行以及企业和居民存款都在那里。改革开放后，从中国人民银行先后分离出来了4家国有商业银行。那个时候的金融学科也很简单，基本上就是货币银行学。后来大家把货币银行学也叫作宏观金融学，其关注的重点就是货币的供应机制和供求关系，关注从央行的基础货币出发，通过银行体系的放大形成所谓的货币供应总量。央行的主要工作就是制定货币政策，控制通胀或通缩。在这个领域里，中国人民大学以及央行和财政部曾经管理的财经院校居于主导地位，其中的代表人物都是我们非常尊敬的金融学界老前辈。随着改革开放的推进，中国经济的市场化程度逐步提高，尤其是在1990年底建立了资本市场，从此有了上市公司，也有了包括投资银行、律师事务所、会计师事务所等的资本市场中介机构。1998年为了改变资本市场投资者结构，尤其是为了推动机构投资者的发展，中国开始设立公募基金。从设立封闭式公募基金起步，然后发展开放式公募基金，现在基本都是开放式基金了，当然还有兼具封闭式和开放式基金特点的ETF，并且还有私募基金。2000年，深圳证券交易所筹办创业板，虽然创业板直到2009年才推出，可谓十年磨一剑，但是创业板的筹备催生了本土的风险和股权投资机构，推动了中国高科技企业的发展。2009年由于国际金融危机的启示，据说在那次风险爆发时，股指期货有发现和对冲风险的功能，中国又推出了股票指数期货，这是一个重大突破。2019年在国际形势百年大变之际，上海证券交易所建立了科创板，这是为了推进中国的高科技行业快速发展，推动中国经济全面转型。与此同时，我们的银行业和保险行业也取得了长足的发展。

由于我们有了资本市场，有了上市公司，很自然的就需要拓展金融学科的内容，拓展的方向是要涵盖资本市场投资和公司金融两大块，而这两大块也正好是现代金融研究的重点领域。为了呼应原有的货币银行学，很多人也称其为宏观金融学，大家又把资本市场投资和公司金融，称为微观金融学。在这个领域里，中国的主要理工科大学，清华大学、上海交通大学、天津大学、西安交通大学等从金融工程学或金融数学入手，并且占据了主导地位。据说这也是为了打破老牌财经院校在金融领域的垄断，理工科院校选择现代金融作为突破口。这里面不少代表人物是我非常尊敬的学者，也是多年的好朋友。随着我国金融体系的不断完善，我们的金融体系也越来越复杂。所谓的宏观金融和微观金融也越来越交织在一起。老牌的财经院校和理工科大学在所谓的宏观金融学和微观金融学都注入了不少力量，以求全面发展。

◎ 国内对微观金融学的一般理解

我们对公司金融的一般理解，就是为公司提供投资和融资决策。投资主要是指为公司的经营和发展的投资活动，例如购买大型设备和基础设施、兼并收购其他公司、公司的研发投入等。而融资主要是公司从银行和资本市场以及其他渠道获取资金去完成投资活动。我们对资本市场投资的一般理解，主要就是投资者在资本市场寻找投资标的而做出的投资决策。通常大家觉得这些公司金融决策和资本市场投资决策看起来都是微观决策，或者叫作面向经济体系中微观个体的决策，从而大家觉得微观金融这个名字很合适。由于我担任过不少A股和H股上市公司的独立董事，因此经常会去参加公司董事会和董事会专门委员会会议，董事们讨论的事情确实基本上也就是本公司的那些事情，例如公司的财务报表审计、公司的融资渠道选择、公司的投资决策、为子公司或者其他公司提供担保决策、分红决策、公司的风险评估报告、公司关联交易报告、公司高管薪酬的决定原则、公司相关章程修改、公司内部审计报告，等等。而对资本市场投资，投资者主要关注的是特定公司的基本面，包括该公司所处的行业长期发展情况，该公司自身在行业中的竞争力以及未来的盈利能力，当然还有公司当前股价和当前盈利能力，我们通常用一些指标，例如P/E比率、

P/B等去衡量。

现代金融学主要是研究资产定价的学科，套利分析是金融学有别于经济学的研究方法。所谓套利机会，简单地说就是：有两个金融资产，其将来的现金流完全相同，但是今天的价格不一样，投资者可以买低卖高，从而实现零投入并且是无风险的收益。一般认为，在一个发育比较好的金融体系，这种套利机会几乎是不存在的，即使存在也是短暂的。但是在新兴市场，有理由相信也有证据表明这种套利机会有可能会存在相当长的时间。很多人一般接触到的通过套利对资产进行定价的情况主要是对金融衍生品，例如期权、期货、远期合约等进行定价。其大致过程是通过衍生品价格和基础资产价格，以及无风险利率之间的关系，先用基础资产和无风险债券的组合去动态复制衍生品，然后运用无风险套利准则，给衍生品定价。但是这个过程看起来还是局部的，只用到了几个风险资产和一个无风险资产。

把公司金融和资本市场投资看成是微观决策在很大程度上反映了商学院MBA的教学内容，也反映了大部分教科书的主要内容。中国很多经济学院和商学院的教授一般都把公司金融和资本市场投资看成微观金融。但是如果把这些金融问题都看成微观问题，又如何理解资金跨地域跨时空快速流动产生的影响，以及人们快速分析信息从而形成新的期望呢？还有一个问题就是如何理解资本市场的连接资金和投融资以及信息的纽带作用。在金融机构尤其是证券公司，你常常听到的一句话，就是"我们是靠天吃饭"，由于市场变化太快，证券公司的高管常常表示他们是无法做年度经营规划的，证券公司的业绩只能作横向比较，通常会依赖整个证券行业的业绩来评估单个证券公司的业绩。公募基金公司在做年度预算方面会好一些，因为基金公司的管理费相对稳定，但是基金表现也是很难预估的，基本也是靠天吃饭。某年排名靠前的基金经理，下一年很可能名落孙山。同样，上市公司的业绩也受资本市场的影响巨大。2018年和2019年很多上市公司出现了多年没有的亏损，而且一旦亏损就是巨亏，这主要是由于商誉减值造成的。这是由于不少上市公司在过去几年做了大量的兼并收购业务，其中有不少是收购或参股其他上市公司。由于近年来A股市场表现较差，这些兼并收购业务导致商誉减值，加上监管部门对商誉减值政策发生了很大变化，这些因素的叠加形成巨大的当年商誉减值，从而对公司的业绩造成很大的冲击。所以大家常说，做资本市场相关业务，一只眼睛要看着市场，另一只眼睛要看着监管部门。以上的这些讨论是想说明，仅仅把公司金融和资本市场投资看成微观决策似乎是不够的。但是要充分理解金融问题的全局性，我们还需要从现代金融理论的视角去考虑。

◎ 现代金融的核心理念

现代金融理论大致可以分为两大部分。第一部分不考虑信息不对称性问题，第二部分专注信息不对称性。第一部分发展得稍微早些，也是第二部分的基础，目前这两部分还都在继续发展，并且互相影响。我在这里主要是试图表述第一部分中的重要内容。

1. 资本市场投资理论

现代金融的发展源于马柯维茨教授在1952年提出的现代资产组合理论，通俗地说就是"不要把所有鸡蛋放在一个篮子里"的理论。通过把鸡蛋放在不同的篮子里，可以降低所有鸡蛋都被打碎的风险。由此导出的结论就是，在资本市场做投资，投资者的投资可以简化成两个资产的组合，这也可以叫作两个资产分离理论，其中一个资产就是无风险资产，例如国债，另一个资产就是所有具有风险的资产组合，一般来讲可以是整个资本市场。两个资产组合的权重取决于每个投资者的风险偏好。这就是说在满足一些条件的情况下，投资者在资本市场投资并不需要专注某个特定资产的分析，当然也就不需要依赖一个特定资产做基本面分析，或者所谓的趋势分析。投资者只需要考虑整个资本市场这个大盘子和自己的风险偏好，这恰恰体现了金融问题全局性的理念。这也是基于现代金融理论对以往金融问题思考的一个重大颠覆，其基础就是由于资本市场的存在，人们在做投资时必须考虑整个市场。这个理论对资本市场投资影响巨大，由此推动了指数基金、指数期货以及大量被动投资产品和被动投资概念的快速发展，目前这些产品已经占据了资本市场投资的主要部分。

现代金融理论接下来具有里程碑意义的发展，就是夏普教授在1963年提出的CAPM资产定价模型。夏普在马柯维茨的现代资产组合理论上巧妙地用了一个变换，在工程上可以理解为对某个资产的持有量做了一个快速冲击后还原，或者说是对马柯维茨的现代资产组合做了次一阶差分，从而可以给每个资产进行定价。夏普第一次给出了资产的收益和风险之间关系的全景图，这个风险被称为系统风险，也可以叫作被市场定价的风险，或者叫作反映在资产价格里的风险，而单个资产的非系统风险是可以通过资产组合被去除掉的。据说夏普教授也是在沃顿商学院任职时创造了CAPM资产定价模型的。有了CAPM资产定价模型，我们就可以在马柯维茨简单投资原则"所谓在资本市场投资就是两个资产的组合，一个就是无风险资产（例如国债），另一个就是所有风险的资产组合（例如所有股票的组合）"的基础上再往前走一步。投资者除了考虑马柯维茨简单的两个资产分离投资原则，还可以考虑对个股的投资策略。对个股的投资策略可以在以纵轴为期望回报，横轴为风险的平面上，寻找α，即所谓的超额收益，收益超过了给定风险而要求的收益，买入α为正的个股，卖空α为负的个股。从这个投资策略可以看出，即使对个别资产的投资决策也是在基于资产定价模型、基于对所有资产的风险—收益横向关系的考虑中做出。由于金融的全局性已经体现在资产定价模型里面，从而这个全局性也必然体现在个股投资决策的考虑之中。在这里我们可以把金融问题的全局性看成一个基准，所有的投资决策是在这个基准上做出的。随着资本市场的发展，寻找α的投资理念，也就逐步成为判断一个公募基金经理是否有择时和选股能力的标准。

马柯维茨和夏普的研究的假设是基于金融资产的回报率是多元正态分布，或者投资者的效用函数是二阶多项式，以及某些更宽泛的假设。当然这些假设严格来讲都不一定满足。为了摆脱上述假设条件，罗斯在1976年用金融学独特的研究方法，无套利分析，推导出了多因子资产定价模型，也叫作APT资产定价模型，相应的系统风险也是多因子构成的。当然这种模型也是有缺陷的，因为模型中的风险因子以及风险因子的个数事先都是不知道的，对这些因子做经济学的解释也不容易。当年我在沃顿商学院读书时，有个很有名的教授在上课时，专门讲述了他当时正在做的一个研究，在和APT的创立者罗斯进行辩论，而罗斯也在沃顿商学院工作过一段时间，并且也是在那里创立了APT资产定价模型。此后，这方面的研究工作还在不断继续，包括理论模型和实证研究，资本市场投资的核心理念没有太大变化。这些研究对资本市场投资实践影响巨大，从资本市场投资角度看金融问题的全局性应该是没有太大争议的。

通常在考虑宏观变量时，大家往往关注的是时间序列分析，也就是这个宏观变量随时间变化的分析。但是当我们考虑资本市场问题时，我们的重点是把所有的金融资产都拿来，主要看它们横向之间的关系，尤其是资产的收益和风险之间的关系，这也是由于资金快速流动，资金可以在不同的金融资产之间进行快速配置。当然人们有时也用到金融资产回报的时间序列，除了考察资产回报率随时间的变化，更多的是把时间序列考察作为一个中间步骤，不是终极目标，终极目标还是大量资产的风险和收益间的横向关系。资本市场的研究方式确实也体现了对资本市场投资问题的全局性考虑。

2. 公司金融理论

与此同时，莫迪利安尼和米勒在1958年利用无套利准则建立了现代公司金融理论，也被称作MM理论。这个理论被广泛地应用到上市公司的主要财务决策之中，包括资本结构、红利政策，以及风险管理政策等。MM理论把现有股东利益最大化作为目标，无套利分析在理论框架的构建中起着决定性的作用。其核心就是只要是公司经营管理层能干的，个别股东也能干的事，若两者的效率和成本都一样，经营管理层就不应该去干。因为在此条件下，公司经营管理层去干的事，对上市公司价值的提升是没有任何附加值的。经营管理层只做任何股东都干不了的，或者经营管理层能比任何股东都干得更好的事情，只有干这些事情才会对上市公司价值的提升有附加值。经营管理层在考虑上市公司的决策时，必须把股东利益放在首位。MM理论对上市公司的财务决策意义重大，有着基本的指导作用，以下是一些例子和说明。

首先考虑公司资本结构的问题，也就是公司股权和债权的合适比例。在MM理论的假设条件下，经营管理层是不需要考虑这个问题的，也就是说股东不需要经营层去增加或减少债务，因为股东自己也可以借债或还债，而且股东借贷的成本也不会比公司借贷的成本高。因此公司增加或减少债务不会增加股东利益，否则的话就会产生套利机会。其次，同样的道理可以用在公司考虑红利分配决策上。因为股东自己可以卖掉一些股票获取现金，这和公司分红的效果是一样的，即股东可以自己给自己分红。最后，对风险管理政策也有同样的考虑。与其让经营管理层去做公司风险管理，股东自己也可以用市场上已经有的对冲工具去做些风险管理。当然这些都是在MM理论的假设条件下去考虑问题。由于MM理论是建立在金融的套利分析方法上，因此是非常强大的。MM理论告诉公司经营管理层在很多时候不要做得太多，做了只会添乱、只会增加成本，并没有增加公司股东的利益。MM理论不仅告诉了公司经营管理层什么不该做，也告诉了经营管理层什么时候该做些事情。那就是如果有些事情只能在公司层面上做，股东根本做不了，或者即使股东能做但是成本太高。而所有这些决策主要是根据公司的具体情况考虑，这就需要经营管理层对自己的公司的情况和整个资本市场有清晰的了解和深刻的认识。

对于管理层在一些特殊情况下该怎么做，金融研究文献也有一些基本的讨论和研究。例如，当公司有很多投资机会时，公司经营管理层可能要多做些风险管理，因为在一般情况下外部融资会比使用内部资金贵一些，通过风险管理手段，可以保持相对稳定的内部现金流用于满足随时可能出现的投资机会。同样，如果公司债务杠杆已经很高，也许有必要做些风险管理用于避免破产成本的支出。从投资者的角度考虑，破产本身并不重要，但是破产引起的破产成本是必须要考虑的。破产成本的大小是考虑资本结构时的重要考虑。而破产成本的大小又和很多因素有关，例如破产法的破产程序设置、公司的债务结构及股权结构、与债权人的谈判效率、上市公司资产的转移价值等，因此，资本结构的决定是非常复杂的，要考虑事前、事中以及事后可能发生的各种相关因素。

　　我还可以举出很多这方面的例子。由于经营层在考虑上市公司的决策时，必须把股东利益放在首位，或者说把资本市场的反映放在首位，金融的全局性于是也就体现在整个资本市场里面了。人们用事件分析方法来检验公司政策的有效性，也是基于这种全局性的考虑。另外公司金融在考虑投资决策时，常常要做项目可行性分析，主要是通过对投资项目的估值分析，分析预期现金流和折现率，而折现率则是由资本市场决定的，往往需要用一些定价模型来估算，而定价模型本身是源于对整个资本市场的分析。最后，监管部门对上市公司的监管主要的着力点是公司的信息披露，而市场也是通过公司的公开信息披露来对公司的价值做判断，公司管理层也是基于股东价值最大化的驱动加强信息披露。公司管理层除了按照监管部门强制性信息披露的指引提供信息，例如公司财务的季报、半年报、周年报，还常常通过一些公司行为做自愿性的信息披露。文献中有不少关于公司自愿性信息披露的研究，例如公司可以通过分配红利、融资方式的选择等提供公司的附加信息。甚至还有研究去解释上市公司一手分红一手融资的动机，认为这种动机是公司企图通过融资从而获得信息披露的机会，因为依据监管要求，公司在融资活动之前需要向资本市场做全方位的信息披露。因此，对上市公司的监管是一个三位一体的合力，是一个监管部门、资本市场和公司管理层共同努力的合力。资本市场是一个强大的纽带，把投资者、上市公司、中介机构和监管部门都捆绑在了一起。

3. 微观金融问题的全局性解释

为什么套利分析在金融学里如此特殊,最直观的理解主要是源于资金的快速流动以及很低的交易成本。这种低成本的快速流动,可以使得人们一旦发现套利机会就立刻实现套利收益。而正是由于投资者套利的动机,又可以使得套利机会迅速消失。套利分析是现代金融学的基本分析方法,套利分析也使得金融学有别于经济学,虽然金融学也常常被认为是经济学的一个分支。同样金融问题的全局性也在很大程度上是源于资金的低成本及快速流动的特性,快速流动可以使得资金跨市场和地域,从而实现多市场和多地域的资金可以瞬间连接。总的来说,金融问题的全局性首先是由于资金的快速流动,其次是货币市场和资本市场的纽带作用。微观金融问题带有的全局性解释是源于现代金融学科的思考方式和分析手段,也是由于现代金融产业是通过货币市场和资本市场作为基本框架而搭建的。我希望这些解释有助于大家更好地理解金融问题的本质,有助于理解资本市场投资和公司金融问题的全局性本质。

◎ 现代金融学的鞅论分析及其对金融问题全局性的表述

在现代金融理论的发展史上,有一篇极其重要且在学术界有很大影响的论文,是美国斯坦福大学的哈里森教授和克雷普斯教授在1979年将随机过程中的鞅论引入金融分析,从而把经济均衡理论的资产定价模型与无套利分析完美且精确地联系在一起。在学术界大家往往把以克雷普斯教授为首的斯坦福金融团队称为"鞅学派"。为了使大家能够对他们的理论有一些直观的理解，我们会在下面做一些简单的描述。

考虑以下一个叫作"加倍轮盘赌"的对赌游戏：请您参加一个抛硬币的赌博游戏，一个硬币会连续地抛起直到正面出现为止，游戏结束。硬币抛起落地后为正面，您会得到2^{k-1}元，k是硬币抛起的次数。但是当硬币抛起落地为负面时，您必须支付给对方2^{j-1}元，j是硬币抛起的次数。例如您前两次的结果都是负面，第三次才是正面，那么您第一次支付1元，第二次支付2元，第三次获得4元，这样您的总收益是1元，游戏结束。请讨论这是否是一个无风险套利机会？显然，如果您不管欠了多少钱，您还可以继续借到钱，这就是一个无风险的套利机会，因为您无须拿出任何本钱，您永远可以获得1元的收入。但是一个人永远可以借到钱的可能性是不大的。据说很久以前，有个人就是靠这个游戏赚了不少钱，屡试不爽，过着很奢侈的日子。但是有一次他运气太不好，硬币的正面一直没有出现，他亏了太多钱而且也没有办法再借到钱，导致他彻底破产。所以在均衡资产定价模型里，一般要加一个限制条件，即你的借款能力是有限的，这也是符合常识的。可以证明这个借款能力有限的条件是等价于对投资者效用函数的某种限制。

效用函数是现代经济学的重要基础。人们对效用函数探索的起源很早，在200多年前，有一个叫作圣彼得堡赌博的悖论，具体是：请您参加一个抛硬币的赌博。一个硬币会连续地抛起直到正面出现为止，您会得到2^k元，k是硬币抛起的次数。您如果第一次投掷成功，得奖金2元，赌博结束；第一次若不成功，继续投掷，第二次成功得奖金4元，赌博结束；你愿意付多少钱参加这个赌博？这个赌博的均值显然是无穷大，但是通常人们只愿意支付2~4元去参加这个赌博，这在当时被认为是一个悖论。如何解释这个悖论？伯努利给出了一种解释。他认为游戏的期望值计算单位不应该是金钱，而应该是持有金钱的效用的期望值。他假设效用函数是对数函数，就可以解释此悖论。亚当·斯密（Adam）在1776年通过著名的水和钻石的比较，提出了商品的交换价值（价格）和使用价值（偏好）。水是人们生存的保障，而钻石只是一种奢侈品，这两类商品的交换价值和使用价值有天壤之别。

自从冯·诺依曼和摩根斯坦在1944年严格地建立了预期效用理论以来，涉及不确定性的经济学理论和应用研究一直在此基本框架下进行，现代博弈论也是在此基础上发展起来的。20多年前，我遇到了一个曾经是摩根斯坦教授的博士生，他那时已经是纽约大学的一个知名教授了。我们在一起吃饭的时候，他告诉我当年冯·诺依曼和摩根斯坦在建立他们理论时的一个故事。他们当时在建立预期效用理论时碰到了一个一时难以解决的数学难题。有一天早上，摩根斯坦在纽约市的中央公园跑步，跑着跑着就见到一个教堂，于是摩根斯坦就走了进去。在那儿他无意之中看到了不知是谁放在那里的一本数学书，而书里的内容给了他们破解难题的灵感，他们面临的那个难题就这样解决了。后来我去纽约中央公园好几次，但是都没有找到那个教堂，可能是心不够静吧。

在做均衡资产定价研究时，人们都会用到一些满足一定条件的效用函数。当效用函数缺席时，经济学家们都会感到不舒服。例如，目前在金融机构常用VaR来计算所需的经济资本来抵御风险，但是在整个考虑过程里面由于效用函数的缺席，有人就对这种方法提出批评。特别值得提到的是，长期资本管理公司运用了精心设计的VaR，但还是没有抵御住流动性风险，也导致VaR受到批评。1973年布莱克与斯科尔斯发表了有关期权定价模型的论文。他们是通过无套利分析推导出了期权价格公式。而这个无套利分析隐含了无数次的动态交易，期权价格公式又与效用函数确定的风险补偿无关，只与无风险利率有关。这个结论在经济学界引发了很多讨论，克雷普斯教授写了3篇著名的论文来讨论这些问题，可惜的是这3篇论文一直没有发表。我记得在沃顿读书时老师发给我们看过，现在也不知道扔到哪里去了，只留下了一些印象，所以也算没有全部还给老师。他的3篇未发表文章的主要精神应该都体现在哈里森和克雷普斯1979年那篇文章里面。哈里森和克雷普斯的研究把均衡资产定价模型与无套利分析联系在一起，给金融学的套利分析奠定了坚实的经济理论基础，尤其是把金融问题的全局性完全表述清楚了。

哈里森和克雷普斯在1979年的文章里证明了一个重要结论：金融体系是否有套利机会取决于这个体系的定价相容性。所谓相容性，就是这个金融体系的定价机制是否可以扩展到一个更大的金融体系上去。尤其重要的是，套利机会的存在和金融体系的相容性互为充分必要条件。这个结论提供了一个重要的判断套利机会是否存在的方法：如果在某个局部范围建立的定价体系不能够扩展到更大的范围，那么就可以判定套利机会肯定存在。这个套利机会和定价体系相容性的充分必要条件也告诉我们，金融的相关问题都是具有全局性的从而也是具有开放性的，因而金融国际化的特点从理论上得到了验证。从某种意义上讲，金融体系的问题没有真正的部分均衡，金融体系的部分均衡和一般均衡相连，不仅要考虑所有已经在交易的资产，也要考虑那些现在不能交易，但是将来可能通过证券化交易的资产，因此金融的证券化特点也得到了验证。这几乎在金融方面是一个包罗万象的定理，对整个金融体系的发展和鲜明特点给出了全面和清晰的梳理。而金融问题的全局性也就一目了然了。

中国有一句老话叫作"不谋全局者，不足以谋一域"。意思是不从全局的角度考虑问题，是无法治理好一方地区的。想做好一件事情，就得方方面面都考虑到；想做好具体一个方面，就得从全局出发。对金融问题的考虑，这种思维尤其重要而且是必需的，因为每一个金融问题都带有全局性的特点。我们要从全局出发考虑在资本市场的每一项投资，从全局出发考虑上市公司的每一个决策。当然对我国整个金融体系的建设和发展我们更应该采取这样的态度，牵一发而动全身是金融问题的主要特点。自1978年改革开放以来，尤其是1990年建立了资本市场以及各类金融机构的发展过程中，我们遇到了各种金融稳定相关问题，在实践工作中对金融问题全局性的理解越来越深刻。

◎ 金融稳定与金融问题的全局性

随着我国金融体系的不断完善，我们的金融体系也越来越复杂。所谓的宏观金融和微观金融也越来越交织在一起。人民银行的职能也不仅仅是制定货币政策了，人民银行的另外一个重要职能就是金融稳定。在人民银行的内设机构中，最重要的职能部门或者叫作主力司局的，就是货币政策司和金融稳定局，当然还有其他。货币政策显然是重要的宏观政策之一，当然货币政策的传导机制往往不一定顺畅。金融稳定局的主要任务是"综合分析和评估系统性金融风险，提出防范和化解系统性金融风险的政策建议；评估重大金融并购活动对国家金融安全的影响并提出政策建议；承担会同有关方面研究拟订金融控股公司的监管规则和交叉性金融业务的标准、规范的工作；负责金融控股公司和交叉性金融工具的监测；承办涉及运用中央银行最终支付手段的金融企业重组方案的论证和审查工作；管理中国人民银行与金融风险处置或金融重组有关的资产；承担对因化解金融风险而使用中央银行资金机构的行为的检查监督工作，参与有关机构市场退出的清算或机构重组工作。"

金融稳定应该是中国重要的一个宏观经济目标，但是金融稳定又是一个极其复杂的问题，涉及整个经济和金融体系的方方面面。而金融所有的问题又都具有全局性，即使有的问题表面上看起来是一个局部性的问题，但也是一个嵌入全局当中的问题。牵一发而动全身。金融稳定研究极其重要，但是又非常复杂和困难。金融系统出问题，有可能是实体经济出问题导致，也可能是人们的恐慌造成。由于资金加上信息的快速流动，金融体系问题的快速蔓延是致命的。为了加强金融监管协调、补齐监管短板，在原先的人民银行、银监会、保监会、证监会的金融监管的框架之上，国务院金融稳定发展委员会于2017年7月14日至15日，在北京召开的全国金融工作会议上宣布设立。显然金融稳定发展委员会的工作要远远超出"一行三会"的范围，其原因在于中国的金融体系在40年的改革开放进程中已经形成三大板块。一块是由中央政府监管的银行、证券和保险行业；另一块主要是由地方政府监管的地方"准金融"，包括地方小额贷款公司、典当行、产业引导基金等；还有一块就是主要以香港为代表的母公司在内地的金融机构和主业在内地的但是注册地在境外的上市公司，如果把前两块合并称为中国的在岸金融体系，这第三块在某种意义上可以被称为中国内地的离岸金融体系。这三块构成了中国整个的金融体系。这三个板块的相互竞争推动了中国的金融发展。但是由于这三个板块，尤其是离岸和在岸金融体系的市场分离和监管分离以及人民币的跨境不可流通性，中国整个金融体系定价的不相容性是显而易见的。但是根据哈里森和克雷普斯的套利机会和定价体系相容性的充分必要理论，中国金融体系存在的套利机会在实践中也是显而易见的。在本书的后续章节我们会用一个更加广阔和深刻的视角对这个问题和其他相关问题进行讨论，寻找中国金融体系的主要矛盾以及建立中国金融稳定理论。

◎ 金融全局性与数字经济

近年来数字经济及其伴随的数字金融或者叫作金融科技的快速发展，使得整个金融产业和环境越来越复杂。数字经济的发展历程可以追溯到：1944年的第一台计算机，1950年兴起的人工智能，1969年兴起的互联网，2007年左右兴起的大数据和云计算，2009年开始的比特币和底层技术区块链，以及近年来的产业数字化（产业云）。由于金融行业的赚钱效应，金融业一直和计算机科学、信息科学技术的发展紧密相连。但是数字经济充分成型后可能会对现代金融业产生意想不到的冲击。例如人寿保险的商业模式是建立在个体生命发展存在很大的不确定，而群体的生命发展是相对确定的基础之上的，其商业模式就是大家埋单、共担风险。但是随着大数据和人工智能的充分结合，会使得人类个体生命发展的预测也越来越精准，这对人寿保险的商业模式将是一个巨大挑战。其实让大家共同承担风险也是金融体系的重要功能，资本市场和金融机构的商业模式都会受到挑战。

在数字经济发展到现阶段，除了看到金融和科技的深度融合，也看到了产业、金融和科技三者的深度融合。特别地，传统产业与金融资本和高新科技的紧密结合是大势所趋，大数据、人工智能、互联网和物联网的深度融合，将快速推动产业升级。在数字化、平台化的过程中，很多新的企业正在诞生，很多新的金融模式也在诞生。目前能够看到的金融机构模式变化主要体现在私募股权投资方面。一些高科技公司正在通过内设投资机构或者其他方式在做大量的新兴企业孵化和兼并收购业务；一些原先的私募股权投资机构开始组建多样化的PE、VC基金，围绕核心持股企业的周边相关企业进行投资，以资本为纽带，持续巩固核心持股企业（有时也叫树干企业）与周边企业的生态关系，相互促进，并且利用上市公司平台的长期资本的优势，重点投资具有长期增长潜力的行业领袖并长期持有。其他的金融机构也开始探索产业+金融+科技中的商业模式，以及在产业+金融+科技的环境中如何演化。这种变化会使得金融与产业、与科技的界限日益模糊，从而使得金融问题的全局性渗透到整个经济体系，也会使得由于金融问题全局性所带来的金融稳定工作更加复杂和艰巨。

近几年我们看到一些产业朝着产业云的方向发展，其主要特点把整个产业数字化，不断积累整个产业的大数据，为人工智能的运用奠定基础。这种变化也会极大地影响金融体系的商业模式。这里的一个核心问题就是大数据底下有什么？例如，给了你所有自然飞行物（鸟类等）飞行的大数据，您能造出现代化的飞机吗？这个飞行大数据的底层是什么？显然飞行大数据的底层应该是流体力学、空气动力学等现代科学理论。同样给了你所有有关中国经济金融的大数据，其底层是什么？您是否能够给出中国金融的本质，您是否能够阐述清楚中国金融体系的主要矛盾？这是本书后面的章节希望要解决的问题，从而给出金融大数据底层的实质性内容。

◎ 小结

在这一章我们强调了所有金融问题都具有全局性的本质，这也是理解金融的关键所在。我们从现代金融理论和实践出发来讨论这个问题，为揭示中国金融体系的主要矛盾做了一些准备。现代金融学研究的对象是整个定价体系，其研究方法是套利分析。这两者构成了现代金融学的核心，自然地就把所有的金融问题都连在了一起，其背景是资金流的高速和低成本的流动，资本市场的纽带作用，以及基于金融体系参与者的信息披露和资本的监管。资本市场投资分析和公司金融决策都建立在现代金融学理论之上，并且含在整个金融体系之内，自然也就有了全局性的特征。金融体系庞大而复杂，而且与科技紧密相连，与产业发展息息相关。随着数字经济的发展，理解金融问题的全局性本质会更加重要。大数据很有用，但是大数据底下的理论更有用。目前很多人都在考虑在中国建立数字资产交易所，数字资产是极其庞大的，如何使得数字资产定价体系和现有的金融资产定价体系相容，将会是一个非常有意思的问题。

第二章
中国经济渐进性改革的局部性

在第一章中，我论述了所有金融问题都带有全局性的特点，这主要是由于资金的快速流动和资本市场的纽带作用所决定的。在这一章中，我试图论述中国自1978年开始的经济改革开放是一种渐进性的改革并且具有很强的局部性特点。改革的渐进性是源于我们的改革是在保证公有制的生产关系和以马克思主义为指导的意识形态必须自始至终占有统治地位的前提下，从高度集中的计划经济逐步转变为市场经济，进而达到解放生产力和发展生产力的目的。而渐进性改革的局部性主要是源于"摸着石头过河"的模式，带有很多的不确定性，每一步的改革也很难是连贯的，改革的顶层设计说说容易但是并不现实。突破现有体制往往看起来是一种违规行为，常常是只干不说，干完了再说，不行就推倒重来。因此改革的渐进性和局部性是不得已而且是必然的选择，不然就是寸步难行。改革最大的困难来源于各种正统的意识形态和习惯思维的阻力，利益集团的干扰以及公有制和市场化有效融合的难处。这种困难是现实的，是挑战，也是逼着中国走出一条独特的社会主义市场经济发展道路的动力。在这个过程中进两步退一步，或者进一步退两步都是很正常的，也是一种避免争论的智慧，但是最终的目标是必须坚守的。

中华人民共和国成立至今已经整整70年了。在这70年中，我们经历了两场深刻的经济大改革。第一次是1953年到1956年，用了4年时间完成了社会主义改造，使得社会主义公有制在国民经济中占据主导地位。第二次是1978年到现在，已经用了40多年时间，从计划经济向社会主义市场经济迈进。应该说，大约到了2005年的时候，非公有经济已经从经济总量上在国民经济中占据了重要地位。当然中国的国有经济在重要的核心产业依然占据垄断地位。我们可以把第一次大变革看成是一次疾风暴雨式的改革，或者一次"一步到位的改革"，而第二次大变革可以被看成是"渐进性改革"。70年的两场巨变，涉及的问题是多方面的，而这两场巨变不同的展现模式有着很深刻的历史背景。这两场巨变，第一场是以所有制变革为目的，第二场是以转变发展模式为目标，但是很多东西又不能完全分开。全面地描述和分析这两场巨变远远超出我能力范围，也不是本书的篇幅所能承受的。我的兴趣是从我的角度粗浅地谈一下这两场巨变，然后引出后续章节中我想在本书中讨论的主要问题。

◎ 社会主义改造，一次一步到位的改革（1953~1956年）

有关新民主主义革命在党的文件和毛主席的著作中都有很深刻的阐述。新民主主义革命是指殖民地半殖民地国家中的无产阶级领导的资产阶级民主革命。其所谓"新"，是相对于17~18世纪欧美国家发生的资产阶级领导的，旨在推翻封建专制主义压迫，确立资产阶级政治统治的旧民主主义革命。中国的新民主主义革命是从1919年"五四"运动开始的，在此之前的近代以来的资产阶级民主革命为中国的旧民主主义革命。新民主主义革命是无产阶级领导的、人民大众的、反对帝国主义、封建主义、官僚资本主义的革命。1949年中华人民共和国的成立标志着我国新民主主义革命的基本结束和社会主义革命的开始。

毛泽东思想的精髓就是把中国共产党领导下的革命分成了两个阶段，新民主主义革命阶段和社会主义革命阶段。新民主主义革命阶段的提出，可以说是毛泽东对马克思主义最主要的贡献。新民主主义革命的动力包括无产阶级、农民、小资产阶级和民族资产阶级。无产阶级是中国革命的基本动力，农民是中国革命的主力军，具有两面性的民族资产阶级也是中国革命的动力之一。农民参加革命的激励机制主要体现在打土豪分田地上，这个激励充分调动了农民参加革命的积极性，从井冈山时代到抗美援朝，农民一直是中国革命战争的主力军，也是实现中国革命以"农村包围城市"为主要战略的基础，农民为中国革命作出了巨大贡献。

在中国建立社会主义社会，是中国共产党自成立之日起就确定了的奋斗目标。中华人民共和国成立后，党领导全国各族人民开始了有步骤地从新民主主义革命到社会主义革命的转变。经过三年经济恢复工作之后，在1952年底，中共中央提出了党在过渡时期的总路线，明确规定："党在这个过渡时期的总路线和总任务，是要在一个相当长的时期内，逐步实现国家的社会主义工业化，并逐步实现国家对农业、对手工业和对资本主义工商业的社会主义改造。"这个"一化三改"的总路线，其实质和主要任务是实现国家工业化，而为了实现国家工业化，就必须实现对农业、手工业和资本主义工商业的社会主义改造，全面确立社会主义的基本制度。

农业的社会主义改造实际上就是农业的合作化或者集体所有制。1953年，中共中央先后做出两个关于农业合作化的决议，规定了我国农业社会主义改造的路线、方针和政策。到1956年底，农业社会主义改造在经历了互助组、初级社、高级社逐步升级的三个阶段后基本完成，全国加入合作社的农户达96.3%。中国农村完成了几千年的个体劳动向集体所有、集体经营的历史性转变。在推进农业合作化的同时，从1953年11月开始至1956年底，中国共产党采取"积极领导、稳步前进"的方针，以生产合作小组、供销合作社、生产合作社等形式，从供销入手，对手工业逐步实行社会主义改造，全国90%以上的手工业者加入合作社完成了手工业的集体所有制改造。

资本主义工商业的社会主义改造，从1953年下半年即开始进行。对于资本主义工商业的社会主义改造是三大改造的重点。改造分为两个步骤：第一步是把资本主义转变为国家资本主义；第二步是把国家资本主义转变为社会主义。到1954年底，主要的大型私营工业企业多数已经通过公私合营的方式转变为公私合营企业。在商业方面，则在国家掌握一切重要货源的情况下，通过使私营商业执行经销代销业务的方式向国家资本主义商业转变。1955年下半年，不少大中城市出现了资本主义工商业全行业公私合营的趋势。全行业公私合营是国家资本主义的最高形式，是使资本主义所有制转变为社会主义公有制的具有决定意义的重大步骤。1956年1月10日，北京首先宣布实现全行业公私合营。接着，上海、天津、广州、武汉、西安、重庆、沈阳等大城市以及50多个中等城市相继实现全行业公私合营。在1956年第一季度末，全国全行业公私合营的私营工业已达到99%，私营商业达到85%，基本上完成了对资本主义所有制的社会主义改造。通过国家资本主义形式，资本主义工商业逐步改造为社会主义公有制企业。

在土地改革后，农村面临的中心任务是发展农村经济，提高农业生产力，改善广大农民的生活状况。这时由于农民生产积极性高涨，农业生产力已经获得一定程度的解放。但是毛泽东认为个体农民靠单干增产是有限的，必须发展互助合作，强调合作比单干强。在那时，有一些地区实际上已经出现了两极分化的现象。一部分农户由于天灾、人祸又陷入贫困之中。另外，还有一些鳏、寡、孤、独的贫困户的困难，互助组也无力解决，因此他们不得不出卖刚分得的土地。毛泽东认为，为了防止少数农户又走向贫困化，为了阻止农民卖田卖地，唯一的办法就是搞合作化。他还提出，土改后的农民有两个积极性：一是作为个体经济、小私有者的农民有自发地走资本主义道路的积极性；二是作为劳动者的农民又有互助合作并接受共产党的领导走社会主义道路的积极性。但是他更多的是强调作为劳动者的农民走社会主义道路的积极性。农业的社会主义改造能够快速地取得成功的一个重要的原因是当时共产党在农民中的威信是空前的。因为他们相信在党的领导下，他们会避免贫富两极分化的现象，走共同富裕的道路。但是有关农民如何能够长期走合作化的道路的激励机制一直没有建立起来。

资本主义工商业的社会主义改造取得成功的一个重要的原因就是对资产阶级采取赎买政策。全行业公私合营后，采用定息方式，即按照公私合营企业的私人股权额（共23亿余元）每年发给资本家5%的股息，共发10年。这就使得私人所有权与生产资料的使用权相分离，企业的生产资料由国家统一管理和运用。定息停付后，企业就完全成为全民所有制企业。用今天的术语来说，就是把资本家的股权按照一定比例转为了只存续10年的优先股，优先股不参与对公司重大决策的投票，但是给予固定股息。这种安排既给了资本家一定的补偿，也激励他们在企业中继续发挥作用，那时资本家一般也在企业担任一定的管理职务。

1952年9月，毛泽东同志在一次中央会议上提出："我们现在就要开始用10年到15年的时间，基本上完成到社会主义的过渡。"但是在实际上从1952年下半年至1956年，中国仅仅用了4年时间就完成了这个改造过程，大大超出了开始的预期。1952年，全民所有制、集体所有制和非公有经济所占经济总体的比例，分别为19.1%、2.2%（含公私合营0.7%）和78.7%，全民所有制和集体所有制形成的公有制只占国民经济总量的21.3%。到1957年，全民所有制、集体所有制和非公有经济所占经济总体的比例，分别为33.2%、64%（含公私合营7.6%）和2.8%，全民所有制和集体所有制形成的公有制占了国民经济总量的97.2%。在一个几亿人口的大国中，社会主义改造能够比较顺利地实现消灭私有制，是一个非常复杂、困难和深刻的社会变革。这个变革不但没有造成生产力的破坏，反而促进了工农业和整个国民经济的发展，并且得到人民群众的普遍拥护而没有引起巨大的社会动荡，这的确是一个伟大的历史性胜利。

为什么全面的社会主义改造，从私有制到公有制能够在4年内一步到位地完成？最主要的原因就是执政党的理念、目标和初心就是要在中国建设社会主义。新民主主义革命的目标是无产阶级（通过中国共产党）牢牢掌握革命领导权，彻底完成革命的任务，并及时实现由新民主主义向社会主义的过渡。其次是执政党和执政党的领袖那时在人民群众中的巨大威信和号召力。再次是正确地制定了对资本家的赎买政策，给予了资本家一定的激励机制。最后是当时没有一个利益集团可以成功地阻碍改革。因为那个时候国民党政权刚刚被推翻，相关的利益集团也被彻底地打垮，新的利益集团也还没有形成。有了这四个条件就完成了这样一个伟大的变革，一个自上而下、全方位的、一步到位的巨大变革。

◎ 对相对公平和发展问题的一些认识

由于那时农业相对落后，农业的社会主义改造完成后并没有建立一个可行的对农民的激励机制，再加上为了快速工业化，国家用农业反哺工业从而使得城乡差别和工农业差别日益增大。此外，在社会主义改造过程的后期形成了浮夸之风，"大跃进"的冒进，三年自然灾害，"文化大革命"，使得中国经济发展出现了严重的问题。抛开政治因素不谈，单从经济角度讨论，基本上就是一个相对公平和发展的问题，相对公平可以被认为是社会主义的基本特征，而发展的问题主要是如何激励个体去完成整体的发展目标。虽然社会主义制度是按劳分配制度，但是如何度量劳动力的贡献是不太容易的。我们国家当时是按照干部的等级和资历给干部定工资级别，对工厂的工人也是按照资历和经验定工资级别，在农村给农民定工分也有一套制度。但是这些制度，用今天的话来讲，都不是市场化的薪酬制定标准，因此也很难做到按劳分配，也很难激励人们去努力工作。我对这一点也是有亲身体验的。1971年我初中毕业去了黑龙江建设兵团，一个半军事化的国有企业。我们所有人的待遇都是一样的，干好干坏都不受影响。为了提高效率，连长要求我们每两个人结成对子一起干活，搞"一帮一，一对红"。其实这个办法也没有啥用，身体好的那个多干些，身体差的那个少干些，当然干少的那位够意思的话，也许会把家里寄来的糖果饼干分给干多的那个吃点。总的来讲，公有制能够比较好地解决公平问题，但是弄得不好就会造成吃"大锅饭"，导致出工不出力，影响生产的发展。主要原因还是缺乏激励机制。

　　早期对公有制的理解大体上就是计划经济，而私有制大体上就是市场经济。我们从一个比较特殊的角度去看待计划经济和市场经济的差别，也就是理解计划经济和市场经济在资源配置和生产效率等方面的差别。所谓计划经济，就是有一个中央计划者，安排所有的资源投入和统一的生产计划。而所谓的市场经济，就是经济个体通过市场配置资源，自行决定生产计划。去美国留学不久，我就读到一篇20世纪60年代发表的经典文献，这篇论文证明了计划经济和市场经济可以建立一个一一对应的同构。也就是说，对应一个市场经济，我们就可以构造一个计划经济，两者可以有同样的资源配置效率，同样的投入，同样的产出。反之，对应一个计划经济，我们也可以构造一个市场经济具有同等性质，等等。当然这里有一个重要的假设，就是没有考虑信息不对称和道德风险等问题。所谓的信息不对称性问题，就是一部分人知道真实信息，而另一部分人并不知道。所谓道德风险，就是某些人可以用刻意的行为去影响事情的结果，而另外一些人无法确认这个结果是本来应该有的还是由于某些人的刻意行为所导致。而激励机制主要就是用来解决信息不对称和道德风险问题的。一般来说，人们认为市场经济有可能比较好地通过激励机制的设计来解决吃"大锅饭"、出工不出力等由于信息不对称性和道德风险带来的问题。

市场经济和计划经济同构的分析方法，对后来的金融研究影响也是很大的。在用均衡定价模型去研究资产定价时，我们往往把很多投资者的效用函数线性加权组合，构造成一个所谓的具有代表性的投资者，而他的效用函数就是那个很多效用函数加权叠加而成的。我们又假设有很多这样的投资者代表，从而形成竞争态势，由此可以用市场出清条件。由于有很多一样的投资者代表，一样的效用函数，一样的资源禀赋，因此他们所有的行为都是一样的。这样就可以简化很多步骤，从而求解资产价格决定方程以及资产价格的动态变化。这些都是金融经济学的分析和论证方法，是讨论资产定价的核心因素，而在这个过程中所用的数学只是一种证明和推导的工具。这对理解计划经济和市场经济同构的表述也是有用的。同构只是表明对应一个市场经济你可以构造一个计划经济，反之亦然。但是在现实的市场经济中，每个投资者或消费者的效用函数是给定的，而计划经济的计划者的效用函数也是给定的，所以前者通过加权不一定能对应到后者。更重要的是个体的效用函数是不容易观察到的，即使用反演方法也不容易。

市场经济确实会带来分配不公平，甚至过度贫富差距的问题。资本的出现，尤其是金融资本的出现会使得这个问题更加突出。按照马克思的分析，资本的增值都是来源于剩余价值，按照现代金融理论，资本的增值也可能是来源于风险补偿，是由于承担了较高的风险而带来的较高的价值。但是在实际中，我们看到的一些公司和个人的资本的高速积累，是任何风险都无法解释的。在中国，我们常常看到一个在高度竞争的行业中的公司，可以在短短的几年当中，迅速成为一个有千亿元甚至上万亿元规模的公司，是很难用风险补偿的理由来解释的。

总的来讲，我们在过去70年经历了各种发展阶段。在计划经济的情况下，较好地保持了相对公平。但是由于激励机制的缺乏，经济体系内的信息不对称问题和道德风险问题得不到很好的解决，吃"大锅饭"和出工不出力的现象盛行，严重影响了个体的生产积极性，从而影响了国民经济的发展。在市场经济的情况下，激励机制相对到位，发展的速度也许会快些，但是贫富差距也会迅速拉大，公平性的问题就非常突出。平衡相对公平和较快发展，这在我们这样一个人口众多以及自然资源相对匮乏的大国确实是一个很大的挑战。

◎ 伟大的经济改革开放，一次渐进性改革（1978年至今）

1976年，长达十年的"文化大革命"结束了。对于"文化大革命"的十年，在党中央《关于建国以来党的若干历史问题的决议》中提到："'文化大革命'的主要论点既不符合马克思列宁主义，也不符合中国实际。这些论点对当时我国阶级形势以及党和国家政治状况的估计，是完全错误的。"执政党曾经的目标，就是要依靠社会主义的制度优势超英赶美，但是在"文化大革命"结束时，中国和发达国家的差距比以前更大了。尽管中国的国民生产总值从1965年的1716亿元到1978年的3624亿元翻了一番多，年均增长率达6.8%，并建立起了一个独立的、门类齐全的工业体系，但是人民依然贫穷，技术相对落后。1978年12月18日，中国共产党十一届三中全会在北京召开。全会开启了一个伟大的改革开放历史新时期，全会明确指出党在新时期的历史任务是把中国建设成为社会主义现代化强国。改革开放是中国自党的十一届三中全会以来进行社会主义现代化建设的总方针。改革，即对内改革，就是在坚持社会主义制度的前提下，自觉地调整和改革生产关系同生产力、上层建筑同经济基础之间不相适应的方面和环节，促进生产力的发展和各项事业的全面进步，让广大人民群众过上更好的日子。开放，即对外开放，是加快我国现代化建设的必然选择，符合当今时代的特征和世界发展的大势，是必须长期坚持的一项基本国策。由于党的十一届三中全会的历史地位，每年12月18日被确定为改革开放纪念日。

1978年以来的改革开放，是中华人民共和国历史上的第二次经济体制大变革，一般都把这次改革说成是一个渐进性的改革，中国为什么要采用渐进性改革的策略？常常看到的提法是为了避免经济和社会的巨大波动，或者是因为中国面积广大且人口众多造成异常复杂的情况等。我们已经看到，我们在1953~1956年的所有制改革，也是在一个复杂环境下开展的，也是在一个人口众多疆土广阔的国家开展的，但是我们采取了一步到位的改革策略，并没有造成大的波动。在那个时候，中国是以民营经济为主的，尤其是通过土地改革，土地已经分给了广大农民，而农民参加革命的主要动力就是为了获得土地。广大农民是中国革命的主力军，土地可是农民的命根子，又要把土地从农民手中重新收回，让广大农民走集体化道路，这该有多难啊？第一次的社会主义改造，除了革资产阶级的命，对农民来讲是自己革自己的命，对整个国家来讲主要是存量改革，其难度之大难以想象，但是其改革的速度之快也是难以想象的。因此把中国当前的改革采用渐进性的方案而不是一步到位的改革方案仅仅归结为是为了避免经济和社会的巨大波动，或者是因为中国面积广大且人口众多形成的异常复杂情况，好像缺乏说服力。

我们第二次变革，即改革开放的难度似乎不小，现在看来可能比第一次变革，即社会主义改造的难度要大得多，这个难度已经体现在改革的时间长度上面。这次变革已经进行了四十多年，已经是第一次变革用时的10倍，而且至今还在艰难地继续，估计还要继续很多年。为什么这次改革这么难？即使是增量改革也不容易，更不用说存量改革了，这是为什么？在基于这次改革和上一次改革对比的基础上，我的理解是这次改革的难点和特点追究其根本就是改革要在中国共产党的领导下进行，要牢记执政党的初心和使命，要在对社会主义制度自信和坚持社会主义制度的基础上做全面和重大的市场化改革，这需要时间和耐心，更需要策略，所以这只能是一个循序渐进的过程，一个"摸着石头过河"的过程。中国的渐进性改革实践产生了邓小平理论。邓小平理论是以"实事求是"为精神实质的思想解放运动过程中产生的旨在打破精神桎梏，促进社会主义经济和社会发展的一系列指导思想的总汇。邓小平希望在保证公有制的生产关系和以马克思主义为指导的意识形态必须自始至终占有统治地位的前提下，从高度集中的计划经济转变为市场经济，进而达到解放生产力和发展生产力的目的。在我看来，邓小平理论的核心，就是让一部分人先富起来，然后走共同富裕的道路。让一部分人先富起来，是一个巨大的激励，激励我们大家到市场经济的大海中搏击向前并且发家致富，如同当年打土豪分田地激励了农民去夺取新民主主义革命的胜利。在任何时候解放生产力的核心是要有激励机制，我们的渐进性改革要坚持下去的核心问题也是要进一步完善激励机制。另外，任何总目标的实现都要分阶段去完成，历史上中国革命分成了新民主主义和社会主义革命阶段，社会主义也分成了社会主义初级阶段和其他阶段，不同的阶段要有不同的政策、不同的激励机制、不同的做法。但是有效的激励机制，尤其是金融资本作为杠杆的加入，是很容易造成贫富不均的。在实现了让一部分人先富起来之后，如何转到走共同富裕的道路也是一个巨大的挑战。

我们的改革是要综合社会主义制度的优越性和市场经济的优越性，在这个过程中，常常要面对姓"社"还是姓"资"的拷问，面对国有资产是否流失的紧箍咒，确实是很不容易的。这些问题在中国证券市场发展的过程中尤其明显。1992年1月，邓小平同志视察深圳，在谈到股票市场时说，有不少人担心股票市场是资本主义，所以让深圳和上海先搞试验，试验说明社会主义是可以搞股票市场的，证明资本主义能用的东西，也可以为社会主义所用，即使错了也不要紧。邓小平同志指出："证券、股市，这些东西究竟好不好，有没有危险，是不是资本主义独有的东西，社会主义能不能用？允许看，但要坚决地试。看对了，搞一两年。对了，放开；错了，纠正，关了就是了。关，可以快关，也可以慢关，也可以留一点尾巴。怕什么，坚持这种态度就不要紧，就不会犯大错误。"即使到了今天，有关中国证券市场是姓"社"还是姓"资"的拷问也没有停止。记得我在2018年春天的一次会议上又一次听到了这种讨论。我在会上就直接告诉其他的会议参与者还是不要争论为好，因为我真的搞不懂中国资本市场到底姓啥，但是我听小平同志的不争论教导，咱们只干今天的事，最终的评判就留给后人去做吧。小平同志威望极高，他在世时说一句大家不要争论，大家就不争论了。但是小平同志走了以后，对有些事的争论可能还会重新开始的。总之，我们这次改革的环境和苏联、东欧其他一些前社会主义国家的改革的环境是完全不一样的，因为这些国家已经放弃了社会主义制度，原来的执政党也靠边了，所以他们可以做一步到位的市场化改革，而我们却不能，我们只能选择渐进性改革。在实际的推进过程中，我们也会常常看到"国退民进"或者"国进民退"的现象，也常常会经历"渐进性"改革或者"减退性"改革过程，进两步退一步或者进一步退两步都有可能。但是这样可能会逼着我们沿着正确的道路向前，真正走出一条独特的中国特色社会主义市场经济道路。

我们的渐进性改革大体上有几种做法：自下而上的突破，然后经中央认可，全国推广；中央在某个地区实行试点，取得经验后逐步推广；增量改革带动存量改革，等等。从这些做法可以看出，中国的渐进性改革有鲜明的局部性特点。局部性的特点是：改革常常从薄弱环节开始，力争取得突破；改革有时是自下而上强行突破的，有时甚至是非常悲壮的，常常以违规开始；改革和发展常常是以产业布局或者地区发展逐渐推进。总之，渐进性改革是以"摸着石头过河"的方式往前走，摸到这一块石头，并不知道下一块石头在哪里，也不知道下一步水的深浅，远处的情况就更不知道了，所有的改革都是局部性的探索。渐进性改革的局部性特点对本书后面章节的分析很重要。

1. 自下而上的突破，中央认可全国推广

由于农民的生产积极性在集体所有制下长期得不到合适的激励和发挥，再加上农业反哺工业，中国的"三农"问题，即农民、农业、农村发展落后的问题是非常突出的。中国的改革开放起步于农村，主要是围绕着农村土地承包制度的确立并且经历了好几个阶段。第一个阶段是政策不允许（1979年2月以前）。《农村人民公社工作条例（试行草案）》明确规定："不许包产到户，不许分田单干。"对这个规定的突破来自小岗村的勇敢尝试。1978年以前的小岗村，只有20户人家100多人，是远近闻名的"吃粮靠返销，用钱靠救济，生产靠贷款"的"三靠村"。在这种濒临绝境的情况下，凤阳县小岗人终于站起来寻找突围之路。在1978年12月的一个夜晚，时任小岗生产队队长严俊昌和副队长严宏昌、会计严立学召集全队在家的18户户主聚集在严立学家的破草屋内，秘密商讨分田单干事宜，这在当时可是天大的事，大家在一张发

黄的纸上写下了："我们分田到户，每户户主签字盖章。如此后能干，每户保证完成每户全年上交（缴）的公粮，不在（再）向国家伸手要钱要粮。如不成，我们干部作（坐）牢杀头也干（甘）心，大家社员也保证把我们的孩子养活到18岁。"这些誓言在今天读起来依然是令人心有余悸、感慨万分。小岗村实行"大包干"一年就大变样，不仅结束了20多年吃救济粮的历史，而且上缴国家粮食3200多公斤。第二个阶段是允许有例外（1979年3月至1980年2月）。1979年3月，原国家农委党组在《关于农村工作问题座谈会纪要》中明确指出："深山、偏僻地区的独门独户，实行包产到户，也应当许可。"第三个阶段是小范围允许（1980年3月至1981年11月）。1980年9月，中共中央在《关于进一步加强和完善农业生产责任制的几个问题》中规定："在边远山区和贫困落后地区，集体经济长期搞不好的生产队，群众要求包产到户的，应当支持，也可以包干到户。"第四个阶段是全面推广（1982年1月至今），1982年1月1日，中共中央批转了《全国农村工作会议纪要》（中发〔1982〕1号文件，以下简称《纪要》），《纪要》指出，包括包产到户、包干到户在内的各种生产责任制，只要群众不要求改变，就不要动。包产到户是建立在土地公有基础上的，是社会主义农业经济的组成部分。第五个阶段是三十年不变。2017年10月17日，党的十九大提出，保持土地承包关系稳定并长久不变，第二轮土地承包到期后再延长三十年。第六个阶段是长久不变。2019年11月26日，《中共中央　国务院关于保持土地承包关系稳定并长久不变的意见》公布。

2. 中央在某个地区实行试点，取得经验后逐步推广

改革开放四十多年来，区域发展一直是中国推动发展的一个重要举措。任何人要研究中国经济，区域经济发展是必须要关注的。1979年，党中央、国务院批准广东、福建在对外经济活动中实行"特殊政策、灵活措施"，并决定在深圳、珠海、厦门、汕头试办经济特区，福建省和广东省成为全国最早实行对外开放的省份。1988年4月13日在第七届全国人民代表大会上通过关于建立海南省经济特区的决议，建立了海南经济特区，海南成为中国面积最大的经济特区。深圳等经济特区的创建成功，为进一步扩大开放积累了丰富经验，有力地推动了中国改革开放和现代化的进程。从1985年起，国家又相继在长江三角洲、珠江三角洲、闽东南地区和环渤海地区开辟经济开放区。1990年，党中央和国务院从中国经济发展的长远战略着眼，又作出了开发上海浦东新区的决定。此后又推出了天津的滨海开发区、振兴东北、西部大开发、中部崛起、粤港澳大湾区、长江经济带等区域发展计划。最近几年，尤其引人关注的是雄安新区发展的千年大计、海南自贸岛建设、深圳社会主义先行示范区建设。这些区域发展举措，可以促使中国的经济在全国较为平衡地依次推进。

在这里要特别提一下深圳。深圳是小平同志在中国南部画了一个圈选中的，也是小平同志的政治遗产。深圳经济特区前身为原宝安县的县城，1978年全县工业总产值仅有6000万元。1979年，交通部香港招商局率先在蛇口开发了一平方公里的荒坡建立工业区，兴办了23家工厂，开通了直通香港的货运码头。其后又

吸引外资兴办企业，在较短的时间内建成了初具规模的现代化的工业小城。1980年8月，广东省经济特区管理委员会利用3000万元的银行贷款与部分地方财政资金，参照"蛇口模式"在罗湖区0.8平方公里的区域兴建金融、商业、旅游住宅设施提供给外商，利用从中赚到的利润继续进行工业园区的基础建设。这种利用银行贷款"滚雪球"式的发展为珠海、汕头的起步建设提供了经验。

深圳如今已经是中国四个一线城市中的一个。中国的四个一线城市是北京、上海、深圳、广州。深圳建市才40年，而另外3个都是发展了很多年的老城市，深圳的快速发展举世瞩目。2018年，深圳地区生产总值24221.98亿元，位列全国城市第三，超越香港和广州。深圳也被称为中国的硅谷，是中国的科技创新中心，深圳的南山科技园和北京的中关村科技园并列为全国最领先的科技园区。深圳涌现了一大批高科技企业，以华为、腾讯、大疆科技等为杰出代表。深圳同时也是中国的金融中心之一，其金融资产总量在全国位居第三。一大批顶级金融机构在深圳崛起，其中包括深圳证券交易所、平安集团、招商集团、中信证券、招商证券、深圳创新投、招商基金等。如今的深圳，正在中央的"两区"规划指引下，推进粤港澳大湾区和深圳社会主义先行示范区建设，争取取得更大的发展。

3. 增量改革带动存量改革

1978年党的十一届三中全会以后，中国经济发展出现了转机。经过一段时间的摸索，中国逐步找到了一些改革的路径。在国有经济改革比较困难的情况下，采取一些修补的办法维持国有经济运转，把主要力量放到非国有经济方面。在北京和上海经济暂时需要稳定的地方，先把改革放到别处。人们把这种战略叫作增量改革策略。前面提到的在深圳建立经济特区也是一种增量改革的策略。当时的深圳只是一个小渔村，产量和人口在全国占比是很小的，因此选择深圳作为改革的突破口就是一个增量改革。在那里搞改革几乎是白手起家，即使失败也不会影响大局。最近在海南高规格地建立自贸岛，推动全面改革，也是有同样的考虑。海南省人口900万，地区生产总值2018年大约是4000亿元。海南目前的人口和生产规模占全国总量是非常小的，改革失败也不会影响大局，可以大胆地去干。目前中央已经决定专门为海南省立法，从全国选派几百名司局级干部赴海南省任职，各种试验区正在建立，数字海南或者链上海南已经冒出水面，数字经济海南呼之欲出。总之，改革总是要选择突破口，尤其是要在不影响大局的地方和领域取得突破。

在改革初期，增量改革主导了改革，并随着增量的不断壮大倒逼了存量的改革。20世纪90年代末期"抓大放小"的国企改革，就是在民营经济的倒逼之下完成的。改革开放以来，增量改革取得了很大的成绩。但是却也带来了不少问题。以早期增量改革的成功案例——价格双轨制为例，其成功在于既照顾了计划内的存量利益，又通过计划外的增量引入了市场效率，但这项改革实施不久，就出现利用双轨制囤积居奇、倒买倒卖等不法交易和腐败现象，令价格双轨制改革的成绩打了折扣。各种增量改革，尤其在中国的金融体系和金融资本有了一定发展的条件下，创造了各种套利机会，快速加剧了中国的贫富差别，也严重地影响了实体经济的发展。增量改革，随着时间的推移，其内在的改革动力正在逐渐弱化。每个先行改革权都可能带来垄断性利润，一些部门主导的所谓改革甚至变成了"寻租"。中央对这些问题的认识也是清楚的，例如在上海自贸区建立时，就要求其有关金融改革的政策必须是在全国可以复制，用于防止产生金融改革带来的结构性套利机会。

改革开放前中国是一个计划经济体系，经济体系按照所有制划分是以全民所有制和集体所有制为绝对主体。在1978年，全民所有制、集体所有制和非公有经济所占经济总体的比例，分别为56.2%、42.9%和0.9%，全民所有制和集体所有制构成的公有制占了大约90%。通过渐进性改革的推进，在1997年，全民所有制、集体所有制和非公有经济所占经济总体的比例，分别为41.9%、33.9%和24.2%，全民所有制和集体所有制构成的公有制下降到75.8%。而到了2005年，全民所有制、集体所有制和非公有经济所占经济总体的比例，分别为31.0%、8.0%和61.0%，全民所有制和集体所有制构成的公有制下降到39.0%。所有制问题是一个敏感的问题，但也是一个必须面对的问题，市场经济的发展必然会产生非公有经济，如何突破，能否突破，一直是一个大问题。我们要坚持社会主义制度尤其是在公有制为基础的前提下，推动社会主义市场经济发展。这个是在表面上看起来对立但是在实质上有可能的事情，因此争论是不可避免的，任何渐进性改革和减退性回调都是可能的，也是可以理解的。另外，目前很多做法是把资产的产权和所有权相分离，例如，矿山和土地，其结果是导致使用者急功近利的商业模式和行为，从而这些自然资源会被非理性地过度消耗或破坏。如果给予资产使用者永久的使用权，例如我们在前面提到了2019年11月26日《中共中央　国务院关于保持土地承包关系稳定并长久不变的意见》公布，这看起来是避免了所有权的争论，但是本质上还只是给了使用者所有权，只是对资产交易有某种限制而已。但是这种做法如果不能在法律上固定下来，人们会认为这种所谓的永久使用权还是随时可以被收回的，从而上面提到的急功近利等问题还是无法得到解决。我们在前述讨论计划经济和市场经济同构的问题时，是在没有信息不对称性和没有道德风险的假设下进行的。设立激励机制是解决这些问题的一个极其重要的一环。只有这些问题能够得到有效的解决，我们才能更好地坚持社会主义制度尤其是在以公有制为基础的前提下，推动社会主义市场经济发展。

◎ 激励机制

通过市场提高生产力，主要来源于有效的激励机制。在市场经济用激励机制的设计来解决道德风险是有很多讨论的。一个经常提到的机制叫作激励一致性机制。激励一致性机制是指通过一个机制设计可以让人努力工作，而这个人努力工作不是通过强制，而是他在这个机制下的最优自我选择。在这里我举一个例子来说明这个机制的主要含义：有个企业家找到一个项目，需要投资100元。拿到初始投资之后，企业家可以以他的行为来影响项目效益。简单地说，如果企业家努力工作，项目效益是120元，企业家付出的成本是10元；如果他不努力工作，该项目的效益是105元，他的成本是3元。这个企业家要做的选择是最大化（工作所得–工作成本），可以把（工作所得–工作成本）看成他的效用函数。我们假设无法观察到企业家的工作成本，因此无法打包进整个项目。另外，我们假定投资者要求的回报率是5%。我们有两种融资方式，一种是股权融资，即外部投资者应占有该项目的份额（f）；另一种是债权融资，投资者给企业家100元，希望将来得到105元。请分析哪种融资方案可以获得资金？先考虑股权融资方案。如果投资者假设企业家会努力工作，于是项目的产出是120元，由于投资者的回报要求是105元，那么f是0.875，即105占120的比例。那么企业家是否会努力工作呢？给定上述考虑，企业家会比较他努力工作和不努力工作时的结果，做一个最优的选择：如果他努力工作，他的收益是0.125×120–10=5（元），不努力工作，他的收益是0.125×100–3=9.5（元），因此不努力工作是他的最优自我选择。当然这个计算投资者也会做，于是投资者就要修改企业家会努力工作的假设。但是如果投资者假设企业家不会努力工作，那么$f=1$，在这种情况下，企业家就白干了，肯定就回家休息了。因此股权融资不可行，也就是说，在这种情形下，股权融资不是一个有效的激励一致性机制。那么债权融资呢？投资者借给企业家100元，要求企业家还他105元。企业家会做同样的考虑：如果他努力工作，他得到（120-105）-10=5（元），如果他不努力工作，他得到（105-105）-3=-3（元），因此，努力工作是他最优的选择。在这个例子里，债权融资是可行的，也是一个有效的激励一致性机制，企业家会努力工作，投资者可以得到5%的回报，由于融资可行，这个不错的项目就可以运行。这是一个多赢的局面。为什么在这里股权融资不可行而债权融资可行，其实债权融资相当于一个包干，把投资者的钱还掉了剩下的就都是企业家的了。而股权融资，投资者是要和企业家按比例分成的，但是工作成本却是企业家自己承担的。我们也可以考虑把融资问题换成薪酬问题。这个例子也可以解释，在企业改革初期，大包干的形式常常被采用。

在实践工作中情况是千变万化的，由于市场经济比较灵活，有利于设计各种激励一致性的机制，用于解决道德风险的问题，做好资源配置，从而提高生产力。而计划经济往往不够灵活，从而在很多方面是"一刀切"地处理问题，不能有效地解决经济体系内的信息不对称性和道德风险问题。国有企业的一个比较大的问题就是企业链条太长，一个孙子公司的董事会往往会既有父亲公司派驻的股东董事，也有爷爷公司派驻的股东董事，这常常导致汇报线路很长、人浮于事、效率低下。在国有企业中探讨设计各种激励一致性的机制，应该也是国企进一步改革的重要内容。另外，我们的资本市场一直努力地要成为一个多层次的资本市场，有多种融资工具的资本市场。虽然不少目标已经达到，各类市场也已经建立，交易和融资规模也不小，但是我们的资本市场实际上还是只具备一个单一的融资功能，并没有真正去着力解决经济体系内的信息不对称性和道德风险问题。所以我们已经进行的市场化改革还是远远不到位的，通过进一步的市场化改革我们还有很大的空间去提高生产力。

◎ 小结

在本章中我们对比了70年来在中国发生的两场经济体制的伟大变革。目前我们正在进行第二场的伟大变革。第一场大变革仅仅用了不到4年时间，而这第二场大变革已经花了40多年的时间。第一场大变革被看成一次疾风暴雨式的改革，或者一次"一步到位的改革"，而第二场大变革可以被看成"渐进性改革"。第一场变革是以所有制变革为目的，第二场变革是以发展模式变革为目标，渐进性改革策略是我们在各种限制条件下必然的选择。改革要在中国共产党的领导下，要牢记执政党的初心和使命，要在对社会主义制度自信和坚持社会主义制度的基础上做全面和重大的市场化改革，这需要时间和耐心，更需要策略，所以这只能是一个循序渐进的过程，一个"摸着石头过河"的过程。而所有这些考虑和实践，使得我们的渐进性改革凸显局部性的特点。

第三章
国有企业依托资本市场的
渐进性改革

　　在第二章，我们在一般性的意义下讨论了中国经济的渐进性改革。由于国有企业的改革和资本市场的建立在中国的改革过程中处于一个非常重要的位置，我们在本章专门就国有企业改革和资本市场发展，以及国有企业依托资本市场进行改革，资本市场依托国有企业改革而完善给予一个比较系统的讨论。传统的计划经济的主要特征可以概括为，经济活动依赖于政府的行政指令，企业是附属于政府行政的生产单位，经济运行呈现出财政主导性特征。而市场经济的主要特征可以概括为，经济活动取决于竞争性市场的价格信号、独立企业制度，经济运行呈现出金融主导性特征。渐进性改革的目标就是要把中国从计划经济体制逐步改变成社会主义市场经济体制。在整个改革过程中，国有企业改革的任务是非常艰巨的。国有企业在中国经济的发展中发挥着举足轻重的作用，常常被称为中国经济的压舱石。国有企业改革也是整个经济体制改革的中心环节，其过程也是相当复杂的。建立和完善社会主义市场经济体制，实现公有制与市场经济的有效结合，最重要的是使国有企业形成适应市场经济要求的治理机制和经营机制，从而提高国有企业的效率。在过去的计划经济体制下，国家对国有企业实行计划统一下达，资金统贷统还，物资统一调配，产品统收统销，就业统包统揽，盈亏都由国家负责，国有企业没有经营自主权，即使国有企业有预算约束，这种约束也是一种软约束，不是刚性的约束。在这样的大一统体制下，不少人指出，企业外部和内部的治理关系是不平衡和不合理的，一切都是按行政等级关系来进行相关利益分配的，例如，政府是强者，经营者是弱者。因为后者的权利是前者赋予的，而不是靠市场竞争得来的；相对于经营者，职工是弱者。因为经营者是领导者，职工是被领导者；相对于政府，企业的所有者（全民）是弱者。因为政府代理所有者支配生产资料，虽然政府是所有者的代理人，但是所谓的所有者一般被认为是虚化的或者在企业做出重大决策时是缺位的，全民所有制意义上的所有者在企业治理层面上是很难真正发挥作用的；另外，相对于生产者，消费者是弱者。因为在计划经济下的消费品生产是计划导向的，不是市场导向的，不是为了满足消费者的需求。在实际中消费品市场是一个短缺市场，消费品永远是供不应求的，导致各类消费品常常是凭票购买的。总之，在计划经济体制下的企业的治理关系无法发挥对各方的制约作用，也形成不了有效的激励机制，不利于生产力充分发展。

1978年改革开放以来，国家出台了很多有关国有企业改革的文件，推动了国有企业治理关系和经营机制的改革，国企改革在激励机制和治理结构方面也做了很多探索。主要举措是建设了独立于财政的国有企业和国有资产管理体系，推动建立独立企业制度的企业改革。在推动国有企业逐步成为市场经济中独立的经营主体方面，资本市场发挥了巨大的作用。资本市场可以帮助企业做大做强，上市企业在资本市场上成为一个公众公司，这在企业的发展过程中起到里程碑式的作用。重要的是，作为一个公众公司，企业又必须规范运作并随时接受公众的监督，及时和透明的信息披露以及建立完善的公司治理机制都是必不可少的。尤其是全体股东都可以参加的股东大会，年度或临时的，体现了公司的最高权力。所有公司的重大决策都必须经过股东大会批准或授权。

伴随着整个市场经济的逐步发展，不少国有企业通过资本市场已经成为多元化的股份制公司，这些公司面临完全竞争的产品市场和部分竞争的融资渠道。这些企业通过股份制改造和上市过程，具有较好的绩效和发展潜力，产权结构比改制上市前更为合理，激励机制也比较完善，与市场经济大环境较为兼容，能够充分利用外部资源和原有的产业优势进行发展。即便依然是国有控股企业，完善的公司治理机制和资本市场的力量也使得国有大股东要考虑按照市场规则来决定如何实施控制权，国有控股企业也开始考虑经营管理层持股，或者职工持股会持股、外部民营企业持股或外资持股等各种股权配置，从而提高效率。而这些股权配置的考虑和国有企业的混合所有制改革是一致的。今后国有企业改革的主要任务是对特大型国有企业的持续改革，这些企业主要是中央企业，在中国经济发展中起着举足轻重的作用，其中不少已经是上市公司。目前不少大型国有控股公司面临的产品市场具有一定竞争的环境，但是这些公司具有获取金融资源的能力，主要是能够很方便地从银行获取贷款，在资本市场获得股权再融资、债权融资以及其他各种资金支持。这些公司的主要发展优势在于，可以依靠充足的金融资本进入资本密集度很高的产业，例如半导体行业和高端装备制造业。另外在对资金需求量要求很大的市场条件下，这些公司可以依靠通过政府采购订单或担保，依靠政府动员资源的能力进入有很高壁垒的产业，例如通信行业、轨道交通、能源行业等。这些公司的治理结构常常是，国有股一股独大，经营者来自政府的任命，利益相关者的权益看起来似乎没有完全按照市场规则实现均衡配置。我们知道一股一权通常被认为是一个范式，但是这和大型国有控股企业的实际情况是有冲突的。一股一权的前提是产品和要素市场完全竞争。但是由于这些公司具有获取金融资源的能力以及可以进入一些战略性领域，当国有控股和这些资源可获得性相连时，有可能呈现一股独大以及事实上的一股大于一权的现象，这并非不合理。

国有企业是社会主义公有制的基础，深层次的市场化改革的重点和难点必然还是国有企业以及国有资产管理体系。中国的金融体系尤其是资本市场是伴随着国有企业的改革而发展起来的，资本市场的很多改革也是因为发展国有企业的需要而被推动的。应该说中国资本市场始于国有企业股份制改革，资本市场早期的主要任务就是为国有企业筹集资金，为国有企业摆脱困境发挥作用。近年来围绕着做大做强国有企业，国有资产管理以管资本为主要目标，资本市场通过国企上市、兼并收购等各种方式发挥作用，提高国有资本效率，增强国有企业活力。国有企业的渐进性改革本身也一直是中国资本市场的重要题材，同时也和中国资本市场的渐进性改革相伴相随。中国资本市场曾经的一个顽疾是股权分置，就是一个上市公司的股权分为可流通的和不可流通的。可流通的股份可以在股票市场上买卖，一般只占整个公司股份的一小部分，不可流通的股份是由政府通过企业持有，也被叫作法人股。而股权分置的设立就是为了避免股票市场建立时姓"社"还是姓"资"的争论，因为这种做法保证了上市公司的大部分股权还是全民持有的，用于说明即使是在上市公司，公有制还是占据主导地位的。

在现代经济体系中如果没有资本市场，我们对产权边界的确定、股东作用的发挥、经营管理层的监督和约束、经营业绩的评价等都缺乏根本性的解决办法。例如在国有企业没有去资本市场上市前，始终困惑我们的一个问题就是国有资产如何定价。我们常常使用净资产定价方法，在净资产基础上或者打个折扣或者加个溢价，显然是不尽合理的。例如四大国有商业银行上市之前引入战略投资者，最初的价格都比较低，比如建设银行上市前的股权只有1.10元。但是上市时，资本市场给建设银行股权的定价是3.30元。后来由此引发了很多银行上市是否导致国有资产流失的争论。如何理解和利用资本市场始终是国企改革重要的一环。另外，中国资本市场有其重要的特殊性，这些特殊性也是必须被理解的。

◎ 中国资本市场是一个新兴加转轨的市场

从公认的国际投资角度看，资产投资类别大致可分为股票、债券和另类投资产品。一般来讲，金融衍生品、对冲基金等都属于另类投资产品那一类。尤其值得注意的是，新兴市场的股票市场一般也是被放在另类投资产品这个类别，也就是说此股票非彼股票，新兴市场的股票有股票之名，但是没有股票之实。我第一次意识到这件事是在2002年，那时我还在中国证监会工作。那一年中国证监会借鉴我国台湾的经验，启动了引进合格的境外机构投资者（QFIIs）工作。建立QFIIs机制在中国加入世贸组织（WTO）时的承诺之外，是中国主动对外开放的一个举措。引进QFIIs是希望通过境外机构投资者的理性投资理念，能够在我国上市公司治理结构的改善、资本市场的发育成熟等方面发挥积极的作用。同时希望这项工作也能发挥对中国资本市场的中小投资者的价值投资理念和长期持有方式的引领作用。在理论上，由于机构投资者拥有较大的可投资金，因此也有比较强的意愿去获取信息；另外机构投资者也具备比较强的投资研究能力，也有较强的能力去挖掘信息。因此，一般认为机构投资者在投资的策略和模式方面更具有理性，而且对上市公司的管理层也能发挥一定的监督作用。中小投资者一般而言不能对上市公司的管理层进行有效的监督主要是由于他们投资的资金偏少，因此没有太多的监督意愿。发展机构投资者和保护小投资者权益被认为是现代证券市场发展的两个支柱，这也是中国证监会一直专注的工作。2002年，我专门就我国引进QFIIs给证监会领导写了一个报告，并且还做了一个学术研究，这个研究后来发表在著名的学术期刊*Journal of Business*。我们当时希望引进的QFIIs，一般应该是长期投资者，最好是境外的养老基金、保险基金等。可惜我们那时引进的QFIIs好像都是投资银行之类的。原因在于养老基金和保险基金在那时一般是要规避金融衍生品和其他另类投资产品的，而我们的股票市场因为是新兴市场也是属于另类投资产品的，正好也是这些基金需要规避的。这几年，我们也注意到，也有境外的养老基金和保险基金以QFIIs的形式进入中国的A股市场，这也许是由于A股市场有了一些改善，A股市场也有30年的历史了，人们对A股市场也有了更多的了解。但更重要的是这些境外的养老基金和保险基金已经开始在所在国的资产配置上适量地包含了另类投资产品，例如对冲基金。

应该说我们市场的新兴加转轨特性并没有发生根本性的变化，我们的股票市场是另类投资产品的特性也没有发生根本性的变化，也就是说我们股票市场的风险收益特性并不是一般教科书里所描述的那样。大家都会说我们的资本市场是一个新兴加转轨的市场，但是碰到具体问题可能就忘了。比如监管部门总是号召我国的社保基金和保险基金的资金要进入股市，问题是这些金融机构能搞明白我们股票市场的风险吗？能够搞明白股票和债券与其他资产的相关关系吗？如果这些搞不明白，金融机构如何配置资产。难道我们的社保基金和保险基金就不需要规避另类投资产品吗？当我问监管部门的人为啥要这么做，通常的回答就是美国也是这么做的，我们为啥不能。然后我就告诉他们此股票市场非彼股票市场，他们好像就有点听不明的。

理解我们股票市场的特点对股票市场的中小投资者也是重要的。因为监管层老是告诉投资者要长期持有股票，长期持有对真正意义上的股票应该是对的，但是谁听说过投资者应该长期持有另类投资产品。当然对冲基金一般有较长的锁定期，那是因为其他原因所致。投资界对金融产品类别的划分，一个重要的标准就是风险和收益之间的关系和特征。我们股票市场的高波动率和相对低收益率，以及相对长的熊市周期和相对短的牛市周期等都不符合人们对股票市场的一般界定。那么来到中国的境外机构理解这个问题吗？好像也不是。记得2007年，美国的一个咨询公司派了不少人来中投证券，说是要给中投证券公司搞个风险控制平台，成功以后希望在整个建银投资公司体系推广。受中投证券董事会委托，我作为时任公司的董事会风险管理委员会主任就专门去问他们一些问题。我问他们是否明白中国股票市场和美国股票市场的风险收益关系和特征的差别，有没有研究过新兴加转轨市场的风险和收益之间的关系，他们都说不知道，我就建议他们好好研究一下再来。后来此事也就不了了之了。

对于另类投资产品的风险收益之间的关系，我引用一个教科书的例子来加以说明，见表3-1。

表 3-1　Capital Decimation Partners, L.P.Hedge

Jan.1992–Dec.1999		
统计	S&P500	CDP
平均值（月）	1.4%	3.7%
Std（月）	3.6%	5.8%
最低回报（月）	−8.9%	−18.3%
最高回报（月）	14.0%	27.0%
夏普比率（年）	0.98	1.94
负回报的月份数	36/96	6/96
与 S&P500 的相关系数	100%	59.5%
总收益	367.1%	2721.3%

　　在这个8年的样本区间，按照通常的股票市场风险收益评估来看这个产品似乎是有超额收益的。产品的夏普比率按年度是1.94，远高于S&P 500的0.98。另外，粗略地看，这个产品负回报的月份数只是S&P 500的六分之一，而总收益是S&P 500的7.4倍，按照股票市场评估标准其表现似乎也不错。要知道，这是一个另类投资产品，用通常的股票市场评估是不合适的。要做出真正有意义的评估我们需要进一步了解这个产品，尤其是CDP的交易策略，才有可能作出正确的评估。CDP的交易策略其实很简单：卖出S&P 500（SPX）的卖权（Put Options）。这些卖权在卖出当日行权是不赚钱的（out-of-the-money），还要求行权价低于股价7%，卖权自卖出日起算最多三个月到期；公司用1000万美元作为初始风险资本，而合约数的确定取决于芝加哥期权交易所保证金（Margin）的设定。也就是说，这个对冲基金的产品就是一个衍生品，其风险收益关系和股票的风险收益关系是完全不一样的。从这个例子可

以看出，每一个另类投资产品的风险—收益关系都是特殊的，必须清楚地了解其特殊的结构和交易策略才能搞明白其风险—收益关系。

通常对冲基金的投资策略是公司的秘密武器，不会对投资者披露，因而市场也是很难对这些投资产品作出分析的，谈什么 α 超额收益是毫无意义的，唯一可以说的就是绝对收益。这也可以解释为什么在A股市场，大家基本上只关注绝对收益，甚至对公募基金产品也是如此，这也从另一个角度说明A股市场就是一个另类投资产品市场。影响A股市场的因素很多，例如，很多政策包括很多中央和地方出台的改革政策，投资者一般也难以掌握。

◎ 国际上对新兴市场研究的进展及其局限

资产定价理论是资本市场的核心内容。具体研究始于1960年对美国市场的研究，然后是对国际发达资本市场的研究，到了1980年，随着新兴市场的起步以及新兴市场出现的问题，人们开始了对新兴市场的研究。学术界对新兴市场的研究，主要集中在两个方面：新兴市场对国际投资者分散风险有什么贡献；国际资本流入新兴市场对新兴市场有什么样的冲击以及对发展中国家的经济发展有什么影响。主导这些研究的核心概念有两个：一个是市场的相容性，也就是资产定价体系的问题；另一个是新兴市场的对外开放和改革对整体资产价格变化的影响。市场相容性是指无论资产在哪个地方，其风险和期望回报的关系是确定的，也就是资本市场不存在套利机会，从而资产定价体系存在，市场相容性成立的主要考虑是资金的快速流动性和追求高回报的特性，政府的限制往往是无效的。而第二个概念指新兴市场对外有效开放，会导致企业融资成本的降低，同时也会使得新兴市场对国际投资者分散风险的作用弱化。在以往的研究中，一般都假定这种改革开放是一次性完成的，并不关心其开放的过程。但是中国经济改革开放最重要的特点就是渐进性和局部性，可以认为这是有关新兴市场研究的重大局限。

这些研究涉及经济和资本市场改革开放两个方面。但是由于中国经济的改革开放是一个长期的渐进过程，同样我们资本市场的开放过程也是一个长期的渐进过程。因此我们市场最重要和最主要的特征具有唯一性。有人总把我们的股票市场和美国50年前的市场相比，和日本30年前的市场相比，和印度今天的市场相比，我觉得这种比较有一定意义，但是缺乏对我们市场最重要因素的思考。我们的资本市场建立在社会主义基本制度上，在计划经济向市场经济过渡中成长，在渐进性改革的过程中摇摆。如果缺乏对这些核心因素的思考，那么我们还是不了解这个市场。当然由于我们的情况相当复杂，涉及很多的政治体制和市场机制的影响，能够把中国这个新兴市场梳理清楚就很难了，更不用说做出有意义的研究了。基于这些以及后续的讨论，现有研究中的两个核心概念在中国这个市场是需要进一步深入探讨的。

第一个概念就是市场的相容性，也就是资产定价体系问题，我们应该如何思考。我们在这里讨论一下大家熟悉的一个老问题，A股和H股差价的问题。这个问题的背景是，在改革开放的进程中，我们在1990年底建立了上海证券交易所、深圳证券交易所，从此A股市场形成，主要是为境内投资者提供一个证券交易平台。1994年青岛啤酒在香港联交所成功上市，开启了H股市场，也就是内地公司在香港联交所上市的板块，也为全球投资者提供了一个投资中国内地企业的平台。多年来有不少中国企业同时在A股和H股两个市场上市，那么一般来讲哪个市场的价格应该高一些？这里一个重要的条件就是人民币一直到今天还是不可跨境自由流通的，否则的话同一个公司在两个市场的股价应该是一样的。如果我们按照一般的资产定价思路，可以确定H股的股价要高些，因为H股的投资者是国际投资者，他们可以在全球分散风险，而A股的投资者主要是境内投资者，只能在内地分散风险，所以H股的投资者相对A股投资者对股票的风险回报的要求会低些。历史上，有不少国家和地区在他们的货币还不能自由流通的时候，也尝试过在本国发行股票的同时也通过ADR机制在美国的纽约交易所发行，一般的结果确实是在美国的价格要高于在本土的，符合以上资产定价思路的推理。只有中国的股票价格对比是反过来的，A股的价格高于H股的价格。第二个概念就是新兴市场的对外开放和改革对资产定价的影响。从目前的情况来看，我们的市场还没有全面对外开放，虽然我们已经做了很多努力，通过引进合格的境外机构投资者（QFIIs），建立沪港通和深港通机制等。其中沪港通是指上海证券交易所和香港联合交易所允许两地投资者通过当地证券公司（或经纪商）买卖规定范围内的对方交易所上市的股票，是沪港股票市场交易互联互通机制。自2014年11月17日开通以来，沪港通已平稳运行5年多，交易、登记结算、换汇和公司行为等各项业务处理正常。2016年12月5日正式启动深港通，其机制和沪港通相似。总的来讲，我们已经在资本市场对外开放的墙上打了一些洞，至于这些有限的对外开放，对于我们内地企业融资成本是否降低，以及对国际投资者分散风险的作用弱化等问题目前做探讨还未时过早。

◎ 国有企业股份制改革离不开资本市场的发展

中国股票市场是在1989年开始作为试点，本着试得好就上、试得不好就停的理念建立。所以在1995年之前的股市运作中，最大的利空通常是中国股市试点要停、股市要关门这类消息。建立证券市场是一个争论很大的改革。当时很多人认为搞资本市场就是搞资本主义，反对的声音特别厉害。深圳市政府1988年成立资本市场领导小组，迫于压力后来就把"资本市场"改为"证券市场"。1990年12月1日深圳证券交易所开始"试营业"，第二年7月，深圳证券交易所才补办了开业仪式。中国股票市场的发展是伴随着股份制改革开始的。1984年10月，中共十二届三中全会通过了《关于经济体制改革的决定》，股份制也由此开始进入了正式试点阶段。

中国国企的股份制改造是渐进性改革的重要组成部分。相对于农业的改革是围绕着土地承包制作为主要探索，工业的改革是围绕着股份制改造做了大量的探索。企业实行股份制，实现了企业所有权与经营权的分离，扩大了企业自主权。通过引入各种背景的股东，包括国有、集体、个人以及境外投资者，在某种意义上推进了混合所有制的改革。在中国不同类型的股权反映了不同的稀缺资源。国有股权：物质资本、金融资本以及各种稀缺性的资源要素；个人股权：企业家的人力资本激励，相应的技术、管理等无形资本；外资股权：技术品牌要素和管理要素，或较规范的公司治理的制度要素。由于在现阶段这些资源是稀缺的，获取这些稀缺资源的市场还不是完全竞争的，因此对任何一个公司合理配置这些资源是必要的，同时要平衡股份数量和权利的关系。一股一权不是最优的，资本市场一股一权的前提是产品和要素市场是完全竞争的。在高科技企业，其核心团队的特殊才能也会要求一股大于一权。几年前阿里巴巴企图去香港联交所上市，由于交易所坚持一股一权，阿里巴巴只好选择去美国上市。后来香港联交所修改了规则接纳一股大于一权的要求。这个要求后来也已经被不少股票交易所接受，也包括上海证券交易所在2019年建立的科创板。

在很多情况下，企业如何选择产权配置确实是一个重要的选择。例如，中国曾经有一个还不错的民营企业叫太子奶。太子奶本来是含有国有股成分的，但是在其准备上市时，为了图方便就把所有的国有股份都清退了。2008年国际金融危机导致太子奶公司面临财务困境，当时不少国有商业银行都不愿意提供贷款。一个重要的理由就是太子奶公司没有国有股份，银行从业者担心日后被追责讲不清楚，太子奶公司最后还是破产了。这和我们曾经提到的中国融资渠道向国有倾斜，民营企业配置一些国有股份也许是有战略意义的，尤其是在特殊情况下需要融资时，希望进入一些战略性领域的时候。同样在国有企业深入开展混合制改革时，也应该关注不同成分的股权配置，从而提高企业的竞争力。

中国国有企业在股份制改革过程中，应该说既有增量改革也有存量改革。在早期没有改变国有企业的控制权时，通过引进外部资金给予资金所有者相应的股权，应该主要算是增量改革。当然在这个过程中由于各种原因，是有可能发生国有资产流失的问题。随着这个过程的不断推进，尤其当控制权发生变更时，就可以算作是存量改革了。当然在所谓的增量改革过程中，如果董监事会以及其他类别股东能够发挥现代公司治理的作用，有效地推动企业的市场化发展，也就有了存量改革的功效了。中国资本市场对中国国企改革的进程贡献很大，资本市场也改变了国企的组织架构。观察已经上市的国有企业尤其是中央企业，可以看到一般都是两层架构，一层是集团公司，另一层是股份公司。一般来讲集团公司是股份公司的控股母公司，集团公司的总经理一般担任股份公司的董事长，而股份公司通常是上市公司。这种两层架构的设计是为了国企的上市需要而特别设置的。由于中央企业早期选择在海外上市，欧美的大投行一般都会介入这些大企业的改制和上市，人们有时会开玩笑地说，欧美大投行再造了中央企业的组织架构。资本市场把国企的增量和存量改革通过企业上市融为一体，充分体现了资本市场强大的纽带作用。

党的十八大以后，国资国企改革进入一个新时代。党的十八大报告指出，"要毫不动摇巩固和发展公有制经济，推行公有制多种实现形式，深化国有企业改革，完善各类国有资产管理体制，推动国有资本更多投向关系国家安全和国民经济命脉的重要行业和关键领域，不断增强国有经济活力、控制力、影响力"。国有企业改革是中央实施做大做强国有企业方针的重大战略步骤，推进国有企业改革，要有利于国有资本保值增值，有利于提高国有经济竞争力，有利于放大国有资本功能。党的十八大以后，中国的国资国企改革有两个方面的重大进展。

一个是2016年10月召开的全国国有企业党的建设工作会议提出，中国特色现代国有企业制度之"特"就特在把党的领导融入公司治理的各个环节，把企业党组织内嵌到公司治理结构之中，明确和落实党组织在公司法人治理结构中的法定地位。会议召开后不久，《贯彻落实全国国有企业党的建设工作会议精神重点任务》《关于扎实推动国有企业党建工作要求写入公司章程的通知》《国务院办公厅关于进一步完善国有企业法人治理结构的指导意见》等文件下发，上市公司对"党建入章"予以坚决执行，主要体现在明确了党委会前置研究事项等方面，尤其是"三重一大"，即重大事项决策、重要干部任免、重大项目投资决策、大额资金使用。这个举措进一步夯实了渐进性改革的基本框架，保证公有制的生产关系和以马克思主义为指导的意识形态必须自始至终占有统治地位的前提下，从高度集中的计划经济转变为市场经济，进而达到解放生产力和发展生产力的目的。但是这个改变确实也对以往的公司治理带来了很多深刻的调整。中国的资本市场设计以及上市公司治理机制基本上是和国际上尤其是美国的资本市场设计以及上市公司治理机制一致的。中国的资本市场和监管部门如何去适应这个变化，公司治理如何理顺党委领导和董事会决策的关系，从而进一步推动国企改革都是需要仔细研究的重大问题。

　　还有一个是《国务院国资委以管资本为主推进职能转变方案》是按照《中共中央　国务院关于深化国有企业改革的指导意见》《国务院关于改革和完善国有资产管理体制的若干意见》（国发〔2015〕63号）有关要求制定，由国务院办公厅于2017年4月27日印发并实施。文件总的指导思想表述为"全面贯彻党的十八大和十八届二中、三中、四中、五中、六中全会精神，深入学习贯彻习近平总书记系列重要讲话精神和治国理政新理念新思想新战略，坚持党的领导不动摇，统筹推进'五位一体'总体布局和协调推进'四个全面'战略布局，牢固树立和贯彻落实创新、协调、绿色、开放、共享的发展理念，按照深化简政放权、放管结合、优化服务改革的要求，依法履行职责，以管资本为主加强国有资产监管，以提高国有资本效率、增强国有企业活力为中心，明确监管重点，精简监管事项，优化部门职能，改进监管方式，全面加强党的建设，进一步提高监管的科学性、针对性和有效性，加快实现以管企业为主向以管资本为主的转变"。显然，资本市场在这个方面也应该发挥重要作用。主要是理顺定价机制，还要通过提高资本市场分散风险的能力和流动性，从而降低融资成本，进而提高国有资本估值。国有企业本身的管理和监管更需要依赖资本市场，资本市场这方面的功能，包括强制性的和自愿性的信息披露以及兼并收购需要加强。

"国进民退"和"国退民进"在全世界范围一直交替发生着。20世纪前70年世界发展的趋势是"国进民退"，20世纪后30年主要趋势是"国退民进"。具体到某个国家，这种交替就更频繁。在新中国70年的历史中，这种"国进民退"和"国退民进"的交替发展也是经常出现的，其背景是非常深刻的，有坚持社会主义制度的考虑，有暂时渡过难关的权宜之计思考，也有"摸着石头过河"的探索。

从发展的历史来看，国有企业股份制改革直接推动了中国股票市场的发展。一方面，这是股权有流动或交易的需求；另一方面，我们资本市场建立的初期，主要任务是要为国有企业获取资金服务，帮助国有企业脱困。公司上市是筹集社会资金的有效途径。在改革开放初期，国有企业资金短缺问题很严重，单靠财政和银行已经很难满足生产发展的资金需要。通过股份集资，向社会要资金，改变过去单一银行间接融资的状况，对于缓解国有企业资金短缺具有重要意义。国有企业通过社会融资不仅可以获取增量资本还可以盘活存量资本，并且进行相关的资本运作推动企业发展。

1984年7月，北京天桥股份有限公司和上海飞乐音响股份有限公司经中国人民银行批准向社会公开发行股票。1986年9月26日，中国第一个证券交易柜台——静安证券业务部的开张，标志着新中国从此有了股票交易。新中国第一股——上海飞乐音响股份有限公司在南京西路1806号静安证券业务部正式挂牌买卖，当天上市的100股股票不到一个半小时即被抢购一空。1986年11月14日，邓小平会见纽约证交所董事长约翰·范尔霖，并向其赠送了新中国第一股——飞乐音响股票。1990年3月，政府允许上海、深圳两地试点公开发行股票，两地分别颁布了有关股票发行和交易的管理办法。1990年11月26日，上海证券交易所成立，同年12月29日正式营业。由于深圳没有和上海同时拿到交易所成立的批文，深圳证券交易所在1990年12月1日开始了"试营业"。人们常常说，上海证券交易所先拿到准生证，但是深圳证券交易所先出生。这也体现了改革开放初期，各地思想开放，力争上游，勇于打破条条框框，改革开放热情非常高涨。

　　1990年12月25~30日中国共产党第十三届中央委员会第七次全体会议在北京召开，全会审议并通过了《中共中央关于制定国民经济和社会发展十年规划和"八五"计划的建议》，强调要"逐步扩大债券和股票的发行，严格加强管理。发展金融市场，鼓励资金融通，在有条件的大城市建立和完善证券交易所，并形成规范的交易制度"。这将证券市场的发展列入国民经济发展计划中，从而肯定了证券市场应有的地位。改革的第一阶段是商品市场的放开和竞争，促使国企进行产权变革，从单一国有产权向产权多元化转变。中国资本市场已经建立了30年，在这30年里，我国基本完成了帮助国有企业脱困的任务。中国资本市场已经完成了股权分置改革的任务，其发行机制也从审批制、核准制，最后过渡到了注册制。今后30年主要任务应该是推动中国高科技企业的发展，并且通过资本市场自身的改革，主要是理顺定价体系，去支持整个国家经济的渐进性改革。

◎ 从国有企业股份制改造去理解中国的渐进性改革

20世纪90年代开始的国有企业的大规模股份制改造对国有企业结构和管理流程再造的影响是巨大的。这个改造对国有企业员工的就业和资本市场的冲击也是巨大的。大部分国企的股份制改造都采取了存续分立的方式，主要是剥离出其优质资产和优良员工组建股份制公司并在资本市场上市发行。一部分剩余的资产和部分员工则留存在母公司，多余的员工分流下岗。母公司成为上市公司的控股公司。这种存续分立的股份制改造方式比较顺利地使国有企业能够满足上市条件并且在市场上获得资金，但是也自然会导致严重的关联交易。通过企业上市从资本市场融资是当时国有企业上市的主要目的，上市公司起到了一个融资平台的作用，而融到的资金自然要与大家分享。控股公司可以通过资产重组、应收账款或其他应收款等方式，长期占用上市公司资金。有的甚至恶意掏空上市公司，如猴王股份、大庆联谊、幸福实业和济南轻骑等。2002年底，证监会对1175家上市公司进行普查，发现676家公司存在大股东占款问题，占款总金额为967亿元；2003年，发现623家公司存在大股东占款问题，占款总金额为577亿元。关联交易对资本市场影响很大，导致上市公司业绩下滑，股市投资者损失惨重。这也导致了整个股市的投资理念改变，使当时中国股市变成了所谓的"赌场"，股市没有成为中国经济的"晴雨表"，这也是中国股市成了另类投资产品市场的一个重要原因。这种影响至今还在，例如近年来不少大型民营企业集团，通过收购各类金融机构打造融资平台，把业务扩展到金融行业。很多问题在当时确实没有想到，只能靠后续工作来补救，这也可以理解为"摸着石头过河"，或者渐进性改革。我经常把这种存续分立的股份制改造叫作首次改造，这也就意味着企业以后还要经历多次改造，主要是通过控股公司逐步把母公司的资产注入上市公司里面，最终完成整体上市，或者叫完成完整的股份制改造。后面的补救措施，往往是被记入兼并收购这一栏，因此中国很多的兼并收购行为实际上就是打补丁，修补首次股份制改造遗留下来的问题。记得在当时，我们的一些巨无霸国有企业都是在美国和中国香港两地上市。香港证监会和香港联交所对这种存续分立的股份制改造方式是没有太多意见的，因为双方沟通得比较顺畅。但是美国证监会确实给了很多反馈，其主要的担心就是母子公司的关联交易。

　　除此之外，我们的医疗体制改革、教育体制改革、养老体制改革都在经历类似的渐进性改革。为了便于读者对中国国企的股份制改造，这一渐进性改革的重要实践有更多的了解，下面我会介绍我们在2003~2005年做的一些研究。我本人也是通过这些研究加深了对中国渐进性改革的理解。

　　股份制改造是我国国有企业首次公开发行上市（IPO）前重要的环节。对国有企业进行不同程度和不同方式的改造，改造得彻底与否和方式的不同将深刻影响国有企业公开发行的效率,即上市前后经营业绩的变化和上市后盈利能力的表现。国有企业改制成本,涉及裁员、职工身份转变、社保并轨、历史债务的处理等,最主要的是职工安置成本。在股份制改造过程中要进行各种重组业务,主要有以下几种方式业务重组,除去主要业务中包含的辅助生产等非主业业务,将与主要业务无关的社会功能,例如学校、医院等非主业全部分离出来;资产重组,将非主业的长期投资形成的资产分离划出,将主业中的不良资产分离出来;债务重组,实行债转股,提高上市部分的市场竞争力,减轻非上市部分债务压力,合理划分债务负担;机构重组,属于主业的机构进入主业部分,属于非主业的机构留在非主业部分,优化、调整机构设置和职能分工;人员重组:将适当的人员分配到上市的主业和辅业之中,多余的劳动力分流下岗。股份制改造遵循三分离原则:主业与辅业分离,优良资产与不良资产分离,企业职能与社会职能分离。具体的规范指引按照中国证监会有关的备忘录,涉及关于改制重组的方式:合并、分立、变更、增资、剥离、资产出售、资产购进、委托、租赁、承包等;关于股份公司设立;关于对几个重要问题的判断:原企业亏损、共同控制等。

根据国有企业上市发行前的资产重组和债务重组资料,我们将股份制改造分为四种方式:整体改制、解散分立、存续分立和多家重组。整体改制是指国有企业以全部资产进行重组,设立新公司,原主体企业注销,其负债由新公司承担,然后政府利用新公司进行上市发行。通过这种模式发行上市的主要是中小型国有企业或整体资产质量较好，历史遗留问题比较少或解决较彻底、企业"办社会"负担较轻、企业职工的住房制度改革及离退休职工养老制度改革市场化程度较高的国有企业。解散分立是指政府对国有企业的资产进行剥离重组，将非经营性资产、部分或全部与主营业务不相关的经营性资产及相关债务剥离出企业，这部分资产和相关债务由政府负责安置或成立新的法人单位，与原国有企业不存在隶属关系，政府把剥离后的国有企业改造成股份公司进行上市发行。这种改造方式新公司不再负担非经营性资产和富余的员工，但政府可能要为这种改造方式付出较多的直接成本。存续分立是指政府对国有企业的资产进行剥离重组后组成新的公司，而剥离出的资产及债务保留在存续的原主体企业内，原主体企业成为新公司的控股母公司，政府通过控股母公司进一步控制新公司，并以新公司上市发行。多家重组是指多个国有企业将属于不同企业法人的部分资产或权益注入新的主体公司，实施重组；相关债务按有关协议分别由分立后的新公司及参与重组的各方改制主体企业承担，并通过新公司进行上市发行。若多个待改制企业都将其全部资产注入新公司，则该多家重组方式即成为整体改制的一种特例。若多个待改制的企业采用解散分立的方式组合成新公司，则这种多家重组方式也成为解散分立的一种特例。采用存续分立和一部分多家重组的改造方式，政府并没有对国有企业进行彻底的改造，而是将大量非核心业务、低盈利能力的资产和富余人员"隔离"于存续控股母公司，把大量没有解决的问题通过所谓的控股母公司"挂起来再说"，以构造出能达到证券监管部门设立的企业上市要求和符合资本市场投资者喜好的"优质资产"。这种做法除了将国有企业改革所必须直面的各种难点问题、重点问题浓缩、集中到存续的控股母公司中之外，并没有从根本上解决国有企业存在的问题，改革难以深入彻底，通过存续的控股公司继续控制上市公司增加了企业的控制链长度会造成代理成本的上升，同时控股母公司业务和收入来源主要依赖与上市公司的关联交易，为了解决自身的困难，控股母公司必然把上市公司当作其掠夺利益的载体。相反，整体改制和解散分立的方式改造彻底，不存在存续控股母公司的现象，资产业务体系较为完整，改制后关联交易的问题较轻，治理结构也较为合理。因此，发行上市前政府对国有企业改造是否彻底和完整将可能对上市发行效率产生重要的影响。我们根据上市发行前政府对国有企业的改造程度将样本分为两组：完整改造（整体改制和解散分立）和非完整改造（存续分立），多家重组根据具体情况决定其是完整改造还是非完整改造。

因为国有企业肩负着更多的政策性的负担，对于需要进行资产和债务剥离的单个国有企业来说，是采取解散分立还是存续分立方式，对于政府来说，第一种方式，较好地解决了国有企业存在的问题，但是政府要付出的直接成本较大，包括要对分流出人员的安置，对于非经营性资产的接管，对于不良资产的安置和处理，改革的难度较大。第二种方式，政府并没有直接对国有企业剥离出来的资产和人员进行安置，而是把主要的负担通过控股母公司的方式间接地交还给新成立的公司，所以在这种情况下，政府付出的直接成本较小，改革的难度也较小。因此，对于需要进行资产和债务剥离的单个国有企业来说，地方政府出于改造成本和难度的考虑，选择不同的改造方式（解散分立、存续分立）也可能对上市发行效率产生不同的影响。

1996年之前，中国股票发行实行"额度控制"的模式，由证监会向地方政府下达可发行股票的额度指标，再由地方政府来选择和确定可以发行股票的企业（主要是国有企业）。这种分配方案肯定不是市场化的做法，但是应该说这种方案对偏远地区的发展也起了一定的推动作用，也为偏远地区产生一些好的上市公司提供了便利。例如新疆昌吉的特变电工自1997年作为一家上市的民营企业，已经逐步发展成为全球特高压传输设备制造的龙头企业。为了增加本地区的上市公司家数，地方政府可能将手中的额度分配给尽可能多家国有企业，因为额度的限制，国有企业可能只将部分资产改造上市，这通常会造成上市公司资产的不完整性，这种不完整性可能使得政府对国有企业的改造更愿意采取存续分立的方式，因为必须通过控股母公司来弥补上市公司资产不完整性造成的生产和经营的缺陷。但从1997年开始到2000年股票发行实行"总量控制、限报家数"的管理办法，由证监会确定在一定时期内应发行上市的企业家数，然后向地方政府下达股票发行家数指标，地方政府在上述指标内推荐预选企业。"总量控制、限报家数"强调了上市的企业数量而非额度，因此，从1997年开始，对于地方政府来说，额度对其选择改制方式的影响较小。

我们收集了1997年底到2000年底298家中国国有企业首次公

开发行前的股份制改造资料和发行前后三年的财务数据，资料和数据的主要来源是公司的招股说明书、上市公告书、公司年报、国泰安上市公司数据库和部分公司网站。选取1997年以后的样本是基于以下考虑：（1）中国大规模的上市发行是在1997年以后。（2）1997年以前公司对股份制改造过程及重组情况的披露较不详细。（3）为了与国际会计准则（IASC）接轨，中国于1994年对会计准则做了较大的变动。我们要分析上市发行前后三年的财务数据及行业调整的财务数据，为了使分析前后有一致的会计基础，所以我们选用1997年后的样本。（4）1997~2001年中国的股票发行实行的是"总量控制，限报家数"模式，有别于1997年以前的"额度制"，不同的发行监管制度可能对改制方式的选择产生不同的影响。另外，298个样本中有10个样本没有披露上市前第三年的财务数据，所以以下的分析中，只有288个样本。

上市发行是很多国家国有企业上市的重要形式，大多数的研究发现国有企业上市发行后经营业绩得到了提升。我们对中国国有企业上市发行进行研究，发现上市发行后产出显著增加，负债率显著下降，但盈利能力显著下降，成本和费用支出显著增加，员工人数显著上升，经营效率并没有得到显著提升。这些结论说明总体上中国国有企业的上市发行效率不高，大量的国有企业改造不彻底、发行前存在严重的报表粉饰和盈余管理是主要的原因。

不同的改造程度、方式对发行效率存在不同的影响，完整改造的国有企业上市发行后产出的增长、盈利能力表现和成本控制要好于非完整改造的国有企业。非完整改造将国有企业改革所必须直面的各种难点问题、重点问题浓缩、集中到存续的控股母公司，改革难以深入彻底，造成了改制后资产业务体系不完整，关联交易严重、治理结构不合理等问题。这些问题必然引起非完整改造的国有企业上市发行效率低下。进一步，我们对比了政府基于改造成本的考虑而选择不同的改造方式对上市发行效率的影响，对于一家在上市发行前需要进行资产和债务剥离的国有企业来说，政府可以选择解散分立和存续分立的方式。我们发现政府的不同选择使得国有企业上市发行效率出现了不同的结果。解散分立改造的国有企业在上市发行后盈利能力的提高和成本控制上都优于存续分立的国有企业。为了消除上市前存在的报表粉饰和盈余管理问题，我们还考虑了不同的改造程度、方式对国有企业上市后经营业绩的影响，结果同样表明完整改造的国有企业上市发行后的经营业绩要好于非完整改造的；解散分立的国有企业上市发行后的经营业绩要好于存续分立的。

这些结论的发现表明，国有企业的改造是一项艰巨、复杂的工程，政府应该直面问题，不应该把国有企业存在的问题"先挂起来再说"，不彻底的改造方式必然影响到国有企业上市发行效率和上市后经营业绩表现。另外，报表粉饰和盈余管理对上市发行效率的影响很大，特别是模拟会计报表的编制，因此，主管部门应加强对模拟会计报表的监管。证监会已于1999年停止了"募集设立"的方式；2001年，又发布财务报表剥离调整的指导意见和公司改制重组的指导意见，进一步对模拟会计报表进行规范；2004年，进一步规定只有国有企业整体改制设立的股份有限公司、有限责任公司，依法整体变更设立的股份有限公司或经国务院批准的才能在股份公司成立时间未满三年上市发行股票。这些措施对中国上市发行的效率产生了积极的影响。

◎ 小结

我们主要讨论了国有企业依托资本市场的渐进性改革。资本市场可以在国有企业的改革过程中发挥很大的作用，上市前的股份制改造和上市后接受市场的监管，可以加速完善国有企业的治理结构。同时国有企业的改革也推动了资本市场的发展。由于国有企业的历史包袱，国有企业的改制上市过程采取了渐进性改革的策略，主要是先通过存续分立上市，然后逐步完成整体上市。而这个过程和资本市场渐进性改革的过程也是相辅相成的。这些都体现在2005年开始的股权分置改革和要求国有企业采取整体上市等一系列的变化之中。我们引用了前期的一些研究，认真分析了国有企业通过存续分立改制上市的过程及其效果，以及对资本市场的影响。从国有企业通过资本市场的改革进程，我们也能更好地理解中国经济改革开放的渐进性进程和复杂性。

第四章
中国金融体系的主要矛盾

在第一章，我讨论了所有金融问题都带有全局性的特点，这主要是由于资金低成本或者几乎无成本的快速流动和资本市场作为整个金融体系的纽带所导致，这也是现代金融理论的精髓。在第二章，我讨论了中国自1978年开始的经济改革开放是一种渐进性的改革并且具有很强的局部性特点。改革的渐进性源于我们的改革是在保证公有制的生产关系和以马克思主义为指导的意识形态必须自始至终占据统治地位的前提下，从高度集中的计划经济转变为市场经济，进而达到解放生产力和发展生产力的目的。而渐进性改革的局部性主要源于"摸着石头过河"的模式，带有很多的不确定性，每一步改革也很难是连贯的。因此改革的渐进性和局部性是不得已而且是必然的选择，不然就寸步难行。在第三章，我讨论了国有企业依托资本市场的渐进性改革。国有企业的渐进性改革对资本市场影响很大，和资本市场的渐进性改革关系密切。有了第一章、第二章和第三章的铺垫，在这一章中，我试图论述中国金融体系的主要矛盾是所有金融问题都带有全局性与渐进性改革的局部性之间的矛盾。这个矛盾在过去、现在和将来都是我们金融体系的主要矛盾，贯穿于整个中国特色社会主义市场经济的核心——中国金融体系之中。理解这个金融体系的主要矛盾对我们做好金融供给侧结构性改革，维护中国金融稳定和安全是非常重要的。

在金融体系工作过的人都知道，金融体系是一个极其庞大和复杂的体系。相比其他体系，金融系统的特点可以被理解为：超大系统、随机性、多阶段、多方博弈、理性与非理性并存。金融体系涉及方方面面，所有的变化和信息都会得到反映，包括太阳黑子的影响。随机性就更不用说了，各种随机模型都可以在金融体系里找到应用。金融问题都是多阶段的，理性期望，对未来的前瞻性都会得到反映，哪怕是一个阶段的金融工具也和多阶段金融工具相连接。多方博弈也是必然的，在资本市场做交易，就等于是在和很多人同时下盲棋，你可能根本就不知道你的对手是谁，是在哪里和你对弈。交易者是各种各样的，有管理自己资金的，也有替别人管理资金的；有的可能自以为有信息优势下单做交易，也有的做交易是为了其他原因，例如家庭急需资金；融资成本和融资可得性也各不相同，这个问题在中国尤其突出，等等。再加上金融体系内资金的高速流动以及资本市场的纽带作用，流动性大有来无影去无踪的感觉。金融价格形成机制的前瞻性，基于现有的信息对未来所有可能的判断，也是快速和独特的。除此之外就是政策的变化，有时甚至是急剧的大幅度的变化，使得市场掀起惊涛骇浪，在短时间内无所适从。

中国的金融体系按照标准的说法就是一个新兴加转轨的体系，所谓新兴是指相对于成熟市场而言才刚刚起步的金融体系，所谓转轨是指从计划经济体系正在转为市场经济体系的金融体系。通过40多年的发展，中国的GDP已经是世界第二，我们的银行资产总量、资本市场体量已经非常大。我们的金融体系也已经足够庞大而且比较齐全和复杂。在金融体系不断发展的同时，自改革开放以来，我们的金融体系问题不断，丝毫没有趋于平静的趋势。尤其是近年来问题越来越多，包括2013年的钱荒、2015年的股市动荡、2016年的债务"漩涡"，2017年的清理ICO和非法数字货币、2018年强监管（去杠杆、打破刚性兑付）导致的流动性问题、2019年的中小银行集体暴露问题、2020年国企债务违约潮等。更为严重的是P2P问题，把我们金融体系内不多的信任资本又消耗掉一大块。

近年来，中央把金融稳定列为我们的三大攻坚任务之首，把金融稳定和金融安全列为国家稳定和国家安全的重要组成部分，国家还成立了高级别的国务院金融稳定发展委员会。问题是金融稳定的任务如何去完成，或者这个任务在什么意义下才能够被称作完成？复杂的金融体系本身，再加上一个新兴加转轨的特点，使得中国的金融体系就更加复杂。中国金融体系的主要矛盾是什么？如果梳理出或找到这个主要矛盾，能否解释中国金融体系的主要问题？党的十九大强调中国经济的主要矛盾是"人民日益增长的美好生活需要和不平衡不充分的发展之间的矛盾"，而经济的供给侧结构性改革主要就是为了解决这个主要矛盾的。2019年党中央又提出了金融供给侧结构性改革的任务，能否认为中国金融体系的主要矛盾和中国经济体系的主要矛盾是一样的，如果不是这样，就需要找出金融体系的主要矛盾了，否则我们怎么能够完成金融供给侧结构性改革的任务。

一般认为，中国金融体系的大量问题是由于金融体系的市场化程度还不够造成的。但是，仅仅依靠市场化的解决方案是否足够呢？我们可以问：如果现在立刻放开所有的管制，把金融资产定价完全交给市场，是否就一定会形成一个完善的定价机制呢？中国资本市场的二级市场应该说市场化程度很高的，但是中国股票的投资者面临很高的风险，主要是太高的股价波动率，其风险调整后的投资回报率太低，甚至低于其他风险较低资产的投资回报率，金融资产的风险和收益并不匹配。股票市场高波动率所带来的问题就是中小投资者行为短期化。这个短期化从个体来说可能是理性的，但是其造成的后果是中小投资者获得的回报很低，虽然股票市场的长期年化回报率还可以，这也许是由于中小投资者追涨杀跌的行为造成的。市场和中小投资者互相博弈加强了这个波动，从而造成风险调整后的回报更低。这说明，中国金融体系的定价机制是有严重问题的，也说明仅仅靠市场化是不能够建立定价机制的。同样的事情也发生在一级市场。中国证监会在过去20多年就采用了各种IPO发行机制，包括市场化的发行机制试图去理顺一、二级市场的股价关系，但是结果都不理想。创业板在建立初期也曾经用了完全市场化的方法，结果导致"三高"现象：

高发行价、高市盈率、高超募，另外上市首日依然保持超高收益。如今的科创板用了完全市场化的注册制，"三高"现象依然存在。而且类似的上市公司在不同的板块上市，但是其估值完全不一样，这就是所谓的定价体系不相容性问题。在本章的讨论里，我们会用金融相容性的概念去理解这些问题。

应该说，相对于中国金融体系的其他组成部分，甚至相对于中国经济其他各个部分，中国资本市场的市场化程度是最高的，但是仍然面临很多长期不能解决的问题，我们究竟应该如何去理解这个现象，从而提出比较系统的中国金融体系改革与发展方案？我们必须要回到金融学分析的基本方法和原理，回到问题的本源，回到金融学专业，来探讨中国金融体系面临的问题。这如同讨论经济问题时，我们要常常回到最基本的供求关系去讨论，不然的话很多问题就讲不清楚的，这也可以理解为人们常常说的回到常识去讨论问题。金融学在中国是一个比较新的学科，由于我有时在一些大学的EMBA和金融方向的MBA上课，我常常问学生，什么是金融学的基本原理，答案是五花八门：货币供需平衡，风险收益平衡，金融产品供需平衡，直接融资和间接融资平衡，直接融资中的股权融资和债权融资平衡等。很少有人能给出正确的答案。我给他们讲解了之后，他们很快也就忘记了。我常常和毕业的学生吃饭，一谈到金融问题，我总开玩笑说他们怎么就走不到正道上去，当然这一点都不妨碍他们赚大钱。

◎ 金融学基本原理——定价体系与套利机会的关系

金融行业很特殊，金融学的发展比经济学的发展晚了很多年。马柯维茨开创了现代金融学，并于1990年获得了诺贝尔经济学奖。关于他的工作，有一个故事。据说他的博士论文答辩碰到一些麻烦。答辩开场两分钟后，Milton Friedman就打断了他，他说，"我不觉得论文中的数学有什么错误，但这不是经济学论文，我们无法给你经济学博士学位。你做的工作不是经济学，不是工商管理学，也不是数学"。然后他的导师Jacob Marschak附和道："也不是文学。"当然马柯维茨最终还是通过了答辩，拿到了芝加哥大学的经济学博士学位。半个世纪后，Friedman仍然坚持他当年的评论没有错，他说，"马柯维茨的工作不是经济学，不是数学，也不是商学。它是一个完全不同的学科，就是金融学"。随着金融学的发展，我们逐步明白了金融学主要是研究金融资产定价的学科，而套利分析又是金融学有别于经济学的研究方法，金融学基本原理就应该回答定价体系和套利机会的关系。所谓套利机会，简单的说法就是：有两个金融资产，其将来的现金流完全相同，但是今天的价格不一样，投资者可以通过购买低价资产卖空高价资产，从而实现零投入、无风险的收益。一般认为，在一个发育比较好的金融体系，这种套利机会几乎是不存在的，或者即使存在也是短暂的。这好比有钱掉在路上，一会儿就被人捡走了，不可能永远地留在那里。所谓定价体系，抽象地说就是存在一个定价因子，通过这个因子可以给所有的资产统一定价，而资产回报率和这个因子的相关性就是这个资产的系统风险；粗略地说，就是不同的资产价格间有一个横向的关系，这个关系可以简单地被理解为风险和收益之间的关系，而且这个关系还满足高风险高收益、低风险低收益这个最起码的条件。请注意宏观经济学家关心的是宏观变量的时间序列，分析的是该变量同比和环比的变化等。而金融关心的是一种横向关系，所有资产收益和风险之间的横向关系。当然我们有时也会用到资产回报率的时间序列，但是那往往只是中间步骤，最终目标还是所有资产收益和风险之间的横向关系。

数学中有一个著名的切平面定理，就是在任何高维度空间里，对任何两个不相重叠的凸集，都可以在该空间里找到一个平面把这两个凸集分开，所谓凸集就是连接一个集内任何两个点的直线，也一定在该集合之内。用这个切平面定理可以严格证明，定价体系存在的充分必要条件就是没有套利机会，这个就被称为金融学的基本原理。这个原理连接了金融学的研究对象和研究方法，因而也就配得上金融学基本原理这样一个称呼。从这个金融学基本原理出发，我们可以理解，尽管我们采取市场化的解决方案，放开对金融体系和金融资产价格的管制，但是只要有套利机会存在，我们仍然不能建立一个定价体系。有人可能会说，只要采取市场化我们就能消除套利机会。我要说的是，我们的套利机会是一种只有少数人才能参与的结构性套利机会，这种结构性套利机会又是在中国渐进性改革过程中不断出现的，而这又是源于渐进性改革的局部性本质，我们在本章和其他章节中会列举一些结构性套利的例子。市场化这个因子隐藏在金融学基本原理之后，扭曲的和局部的市场化根本不能解决这个问题，也没有能力去消除这种生生不息的结构性套利机会。

金融学基本原理是现代金融学最为基础也是最为重要的定理。这个定理在金融的基础性可以理解为相当于经济学中的供求关系。众所周知，经济学的基本分析方法就是需求和供给分析。在纵轴为价格，横轴为产量的平面上，对任何一般的产品，人们假设有两条曲线：一条是单调向下的需求曲线，即价格越低消费者需求量越大；另一条是单调向上的曲线，即价格越高生产厂商愿意供应更多产品。这两条曲线的相交处就决定了产品的价格和产量。而金融学研究的对象是整个定价体系，或者说是大量的金融资产收益和风险之间的横向关系，而金融学的分析方法是套利分析。一般来讲，在以纵轴为价格，横轴为产量的平面上，金融资产的需求曲线是一条水平线，严格来讲无论供给曲线如何移动，对资产价格都不会带来任何影响。退一步讲，资产价格的重要性总是第一位的，是对风险和收益的综合考虑，而风险和收益的关系是金融的核心。因此，在金融问题的讨论中，通常人们不会也不应该在价格—产量的坐标系去考虑问题，因为这两者关系不大，或者关系不对等，这和经济学的供求关系分析是很不一样的。人们分析金融问题往往是在期望回报—系统风险的坐标系中去考虑。由于资金的快速流动和期望的快速形成，套利行为也是金融领域所特有的，而这个行为自然会对定价体系，或者金融资产的风险收益造成冲击。直观上我们可以想象原本有一条曲线描述了大量资产的风险和收益关系，而且体现了高风险—高收益和低风险—低收益的基本特性。而现在，突然冒出一个投资机会同时也是套利机会，风险为零且收益无限大，那么把这个投资机会加进这条曲线，你是无论如何也不可能再构造出一条新的风险收益曲线，且同样满足高风险—高收益和低风险—低收益这个特性了，也就是说定价体系就不存在了。这就是金融学基本原理的直观描述或者图形描述。从这里我们应该可以看到，经济学考虑问题和金融学考虑问题的主要差别。这个定理的重要性在于把定价体系和套利机会用互相依存的关系连接起来。因此这个定理具有很强的解释能力，因而是必须掌握的。

在经济金融发展的历史上，人们也常常用经济学和金融学不同的观点看待一些问题，例如汇率。经济学家认为汇率是涉及两个国家一些相同变量但是具有不同数值所决定的，这些变量体现了很多背后的供需关系，而这些变量的相对位置决定了两个国家货币的相对需求。经济学家们用的变量通常是货币供应量、GDP、国内消费、净出口贸易、政府财政、利率水平、通胀水平、就业率等。而金融学家则认为汇率就是一个金融资产价格，应该是由金融市场决定的。按照经济学家的理解，汇率是可以预测的，因为汇率是由很多经济变量决定的，他们关注的是这些变量随着时间的变化。而按照金融学家的理解，汇率和很多其他金融资产价格一样，是不可预测的。怎么办？数据说话。在1979年，Richard Roll，一个著名的教授在一个不太著名的一本书里发表了一篇文章，通过实证检验，证明了不仅名义汇率是不可预测的，就连实际汇率，通过两国通货膨胀率调整过的汇率也是不可预测的，都可以用随机游走的模型来描述。这在当时是出乎所有宏观经济学家意料的。在这方面，后继的研究也有很多。1991年我在 *Journal of Finance* 上发表的论文对这个问题的研究也有一些贡献。

另外，我想讨论一下有限套利机会与定价体系的关系，这个问题是近年来人们很关注的问题，也是更贴近实际的问题。在实际工作中人们常常遇到的是有一定资本金要求、不能立刻实现套利收益，或者套利是有一些风险的但是有可能获取非常高的回报的机会。这些都可以被理解为有限套利机会。为了能够比较好地讲清楚，我举一个教科书中的例子。

中国公司XYZ发行债券的票面值是250万元，票面利息为0元。XYZ的债券期货合约分别在中国香港和新加坡证券市场交易。在目前时刻0元，期货合约在中国香港的期货价是240万元，在新加坡的期货价是245万元。在时刻T，两个期货合约同时到期。注意，在期货市场操作是需要保证金的。

问题1：如果你是一个套利者，你在时刻0应该如何操作？显然你会在香港期货市场做多，在新加坡期货市场做空。为了执行这两个操作，你还必须在这两个市场提供保证金。如果你持有期货至到期日，你会获得5万元的利润。注意即使有套利机会，你也不是瞬间获得利润，而且你还必须垫付在这两个市场要求的保证金。例如，你必须在中国香港和新加坡分别存入3万元及3.5万元的保证金。加起来是6.5万元。这和通常的套利行为描述的不需要任何资金投入而且能够瞬间获利已经不一样了。

问题2：如果在时刻T，期货合约在两地的期货价均为：242.5

万元，你会如何操作？你可以通过在两个期货市场的反向操作，即在中国香港期货市场做空，在新加坡期货市场做多，从而退出市场，并且提前获取5万元的利润，拿回保证金。

问题3：但是如果在时刻T，新加坡的期货价上升到248万元，中国香港的期货价不变，还是240万元，你又会如何处置？你可能会遇到什么问题？在这个时候，你可能需要在新加坡追加保证金，因为由于你在新加坡是做空，当期货价上升时你会亏损，而这个亏损会从保证金中扣除，新加坡期货交易机构要从你的保证金里扣除3万元。如果套利者有足够多的资本，可以满足保证金要求，最终会获利。但是如果你没有足够多的资本，你必须离场，从而遭受损失。在实践中套利可能是有风险的，是需要资本的。另外，如果你有足够的资金，你可能会有更强的意愿去做套利，因为套利空间比以前更大了，从5万元增加到8万元，当然这同样也是取决于你是否有足够的资本。

问题4：通过这个例子，你认为投资的风险、收益、资本金这三者有何关系？如何理解资本金的作用？风险和收益之间的关系是大家比较了解的：承受风险是获得收益所必需的，风险和收益紧密相连，你需要考虑风险与收益的平衡。风险和资本的关系也是重要的：风险必须为资本所承担，资本也通过风险管理被保护。最后是收益和资本的关系：成功的公司容易融资，因为获得投资收益是投资者的目的，而资本是企业运作的基础。在实际工作中，理解风险、收益、资本金这三者关系非常重要，资本金是你的基础，也是你抵御风险的根本。

问题5：如果你管理别人的钱，比如你是一个基金经理，在套利过程中，你可能会遇到其他什么问题？如果你是管理自己的钱，只要有足够的资本，一般来讲，当价格进一步偏离基本面，套利空间增大，你套利的行为会更进取。但是如果套利者管理别人的钱，投资人往往并不很清楚套利者在干什么。当价格进一步偏离基本面时，他看到的可能只是损失，尽管期望回报在增加，导致投资者有可能撤资。在最有机会时，套利者往往得不到资本金，从而使得市场变得也不那么有效。当政府用纳税人的钱去处理金融危机时也会遇到类似的问题。应该说这是一个长期存在和难以解决的问题。

从这个例子，我们可以比较好地理解在现实环境中的套利，尤其是有限度套利的概念。对资本金的监管已经成为对金融机构监管的核心理念。中国银保监会基本是用巴塞尔资本协议对资本金的要求对商业银行进行监管，中国证监会也是通过对证券公司资本金的要求，实现对证券公司的监管。资本充足率是各类金融机构的命门，迫使金融机构有多少资本干多少事情，以及有什么样的资本干什么样的事情。我认为P2P的问题，主要就是监管缺位，尤其是对这些机构的资本金监管缺位，风险必须为金融机构的资本金所承担。

仅限于对这个例子做单独讨论，你可以说在实际中套利行为会受到各种限制，例如收益不能立刻拿回来，受资本金大小的限制，而这些都是有可能成为套利行为的风险。但是如果考虑整个金融体系的运作，情况也许会更复杂一些。也许你可以把你的套利利润打个折扣提前卖出从而避免收益不能立刻拿回来的问题，你也可能尽你所能通过支付较高的成本融到资本金，总之有些障碍是可以规避的。这里涉及资本市场完备性的讨论，因为按定义如果资本市场是完备的，任何问题都是可以解决的。当然这个完备性涉及整个金融体系，主要是金融机构是否有足够的创新能力去弥补市场的缺陷。当然资本市场是否完备有时会变成一个感觉或者信仰的问题。当然我们必须认识到有限套利的风险管理，如果管理得好，风险就会比较低；管理得不好，风险就会很大，美国的长期资本管理公司在这一方面提供了教科书级别的例子。

在中国金融体系，由于融资市场的割裂和无序管理，资本可获得性导致的有限度套利风险是一个很大的问题。列举一个盈利爆仓的例子：2018年钢材反弹的时候，一个钢铁企业通过期货市场锁定价格，就是通过做空期货锁定钢材价格，但是他们差一点被打爆仓。究其原因是虽然价格是锁住了，但是期货价格大幅上升，他们需要保证金追加，但是由于现货销售的速度和回款周期等原因，他们缺少现金，当时银行融资也很难（"三高"行业融资限制），从而造成盈利爆仓。

还有一个例子是2015年股市动荡的时候，一个金融机构在6月初已经把裸露的多头平仓，加大了对冲头寸，当时是期货溢价比较高，也就是"无风险"套利空间进一步增大，预期回报的风险收益要远好过单边做多头寸。如果市场上涨，该金融机构可能面临的亏损是溢价进一步加大，但是这个加大幅度应该不会太大，如果市场反转，那么非常有可能期货被打成折价，因为更多的人需要快速降低风险敞口从而愿意付一定的折价。到了股灾发生了之后，股指期货的确被打成折价，该机构的仓位是赚钱的，但是股灾期间就面临了监管限制卖出现货，这样该金融机构当时就开始担心盈利爆仓的事情，也就是说如果短期市场大幅反弹并且监管大幅提高保证金等，虽然仓位的市场风险不大，但是期货可能面临爆仓风险，爆仓强平之后，等于风险变成完全裸露的现货多头，于是该金融机构就让资金部临时准备了大量的现金来应对。从这一点上说，我们很多套利所面临的风险维度往往不是传统风险所描述的因子。

融资市场的问题和金融资产定价体系的扭曲也是一个大问题。由于中国融资市场的分层限制和割裂，融资市场并不完全是风险定价，如果一个金融机构融资遇到困难，那么其融资成本就会迅速增大，甚至变成无限大，使得这个金融机构的融资渠道全部堵塞。这个和成熟市场的情况完全不同。海外从事交易的人员往往不太需要考虑融资问题，资金部门都可以解决，交易人员只是专注于资产价格和风险。2019年，中小银行问题集中爆发，包商银行事件之后，也有一段时间把非银机构的融资渠道几乎暂停，造成融资价格不是连续的，从而造成定价体系的扭曲。

◎ 中国的定价体系紊乱和渐进性改革结构性套利机会并存

现代金融研究的主要对象就是金融定价体系，简单地说就是金融资产的收益和风险相关，起码要满足高风险高收益，低风险低收益。在实践中我们看到的中国是定价体系缺失的各种体现。在2006~2015年长达10年内，有不少业内人士把中国股票市场的低迷和银行理财产品的快速发展联系起来，银行理财产品由于刚性兑付几乎是无风险的，但是其回报却非常高。除了银行理财产品，在那个时间段还有大量的信托产品，由于刚性兑付这些产品也是无风险的，而且回报更高，大概是10%，更有一些信托公司发行的劣后产品，其回报甚至可以达到30%，同样由于刚性兑付也是无风险的。而股票市场的投资却是高风险和低回报。在近期中国经济持续低迷、债务违约时有发生，但是衡量信用风险的信用利差并没有增加；如果把房地产看成类金融资产，多年来中国的房地产价格基本上是单向的快速增长，极低的风险和极高的回报。按照一般的金融资产定价原则，融入资金的风险定价取决于其使用或投资标的风险定价，但是我们不少金融机构的理财产品、资产管理计划、兼并收购计划，完全偏离了融入资金的风险定价取决于其使用或投资标的风险定价的基本原则，从而进一步扭曲了定价体系。持续4年的所谓"宝能和万科之争"的本质和扭曲的定价体系有很大的关系。其实从本质上讲，"资管新规"的核心应该试图解决融入资金的风险定价取决于其使用或投资标的风险定价这个基本问题。另外，我们融资市场分层割裂的问题也是造成资产端定价体系扭曲的一个重要原因。

　　同时，我们看到的是各种渐进性改革带来的结构性套利机会。我们把这种套利机会称为结构性套利机会，是因为这种套利机会不是每个人都能参与的，只有少数人才能参与。我们曾经讨论过的通过股权分置的设立和解决获利是一个典型的例子。中国在建立资本市场时，由于种种考虑设立了流通股份和非流通股份。一般来讲，非流通股份的价格要远低于流通股份的价格。基于全球资本市场的经验，这种形式的股权分置是不可能持久的，通过某种方式让非流通股份流通，股权分置问题的解决是迟早的事情。显然，在越接近解决股权分置的时机获取非流通股份就越能够获利，因为可以减少持有成本。当然，中国普通投资者是无法获得非流通股份的，也不可能准确预测股权分置问题解决的时间表。但是有办法的人，可以通过设立一个公司法人，并且有办法获取非流通股份，从而在并轨时获取高额回报。还有一个人们常用的例子，就是在前海试验区建立初期，有些人利用当时的制度设计，用黄金一日游获取无风险套利。另外，有人把境内的资金"搬到"香港，然后再以外资的形式回流，用于获取无风险的收益，这些外资也被称为"假外资"。

在中国，你同时可以看到，定价体系的扭曲和套利机会的存在，这恰恰是由金融学基本原理决定的，所以理论的威力是巨大的。一般的金融教科书的各个章节，都是在无套利假设的前提下展开的，探讨各种资产定价模型，在特定的资产模型下评估投资机会，计算折现率，考虑公司财务管理政策：红利政策、资本结构政策、风险管理政策。这也体现了金融学基本原理，因为在没有套利机会的假设下就会有定价体系，而有关的资本市场投资和公司金融理论都是建立在定价体系之上，所以教科书里的讨论是有基础的。按照我的理解，金融教科书是遵循金融学基本原理的正向解读，我们在中国看到的则是反向解读。我常常说，在中国，我们是反向应用金融学基本原理。一个论述充分性且必要性的理论，总是会有两种解读的，正向和反向都是对的。现在的问题是，当你看到各种渐进性改革带来的结构性套利机会的时候，你还能够拿着普通的金融教科书，照本宣科地给学生们上课吗？这显然是自相矛盾的。

在这里有必要对中国的"渐进性改革结构性套利机会"再做一些讨论。这种套利机会之所以称为结构性套利机会，是因为这种套利机会不是每个人都能参与的，只有少数有办法的人可以参与。这和一般的套利机会不一样，在一般的套利机会出现时，由于大家都能参与，通过市场力量这个套利机会也许可以比较快地消失。我们注意到，一部分的结构性套利机会可以通过政府的政策安排，也许可以最终实现套利利润，例如股权分置改革；另一部分结构性套利机会，由于政府干预也许会受到各种限制。例如通过打破刚性兑付，一些高回报的信托产品和银行理财产品会受到限制，因此套利可能会有风险。综合这两种情况，一般而言，结构性套利机会有可能成为我们上述讨论过的有限制的套利机会，而这种限制主要是由于政策的变化或者叫作政策风险。我们同样可以想象，原来有一条曲线描述了大量资产的风险和收益关系，体现了高风险—高收益的特性。而现在，突然冒出一个结构性的有限套利机会，有一定风险但是收益非常大，只要这个有限套利机会风险不太高而且收益足够大，那么把这个投资机会加进原先这条曲线，就会很难再形成一条新的风险收益曲线，同样满足高风险—高收益这个特性了。虽然在理论上，你还是可以构造一个新的风险收益曲线，通过把原先的风险收益曲线整体抬高或者扭曲并且穿过新加进去的那个点。所以金融学基本原理还是成立的。但是这在实际当中难以成立，不仅仅受到市场的限制，还会受到监管的打压。更基本的是，这条曲线往往也不能和境外的定价体系相容。所以这个有限制的套利机会在实际意义上还是扭曲了整个定价体系或者完全破坏了定价体系。在考虑问题时我们常常把理论和实际数据放在一起加以考虑，从而得出有意义的结论。另外，渐进性改革结构性套利机会常常具有跨境和跨界的特征，这会在下一节讨论。

◎ 中国金融体系的主要矛盾

从相容性来判别套利机会，能够更好地分析在中国渐进性改革中出现的问题，更好地把握中国金融体系的发展和改革，这个相容性在直观上是比较容易理解的。我们引进相容性的讨论，是为了可以比较好地理解中国金融体系的主要矛盾。在第二章中，我试图论述中国自1978年开始的经济改革开放是一种渐进性的改革并且具有很强的局部性特点。改革的渐进性是源于我们的改革是在保证公有制的生产关系和以马克思主义为指导的意识形态必须自始至终占有统治地位的前提下，从高度集中的计划经济转变为市场经济，进而达到解放生产力和发展生产力的目的。改革最大的困难来源于各种正统的意识形态和习惯思维的阻力，利益集团的干扰以及公有制和市场化的有效融合。而渐进性改革的局部性主要源于"摸着石头过河"的模式，带有很多的不确定性，每一步改革也很难是连贯的，改革的顶层设计说说容易但是并不容易实现。突破现有体制往往看起来是一种违规行为，常常是只干不说，干完了再说，不行就推倒重来。因此改革的渐进性和局部性是不得已而且是必然的选择，不然就是寸步难行。而渐进性和局部性可以理解为制造了各种不相容性。这种不相容性集中体现在非金融领域的改革，也体现在金融领域的改革，两者互相渗透。在第三章中，我特别描述了中国国企渐进性改革与中国股票市场渐进性改革互相渗透的过程。由于金融的问题都带有全局性，因此金融的相容性等同于没有套利机会。但是渐进性改革的各种不相容性破坏了金融的相容性，从而产生了各种套利机会，或者有限套利机会，又严重扭曲了定价体系，或者造成定价体系的缺失。而定价体系又是金融体系的核心，定价体系的缺失会造成金融体系各种各样的问题。总体来说，我们认为，中国金融体系的主要矛盾就是金融问题的全局性与渐进性改革局部性的矛盾。正是由于这个主要矛盾，使得我们金融体系总是不稳定，重大问题频发。这个问题我们会在下一章仔细讨论。

我们在第一章中简略地介绍了哈里森和克雷普斯1979年发表的重要文章。他们证明了一个重要结论：金融体系是否有套利机会取决于这个体系的定价相容性，也就是说，这个金融体系的定价机制是否可以扩展到一个更大的金融体系上去。套利机会的存在和金融体系的相容性互为充分必要条件。这个结论提供了一个重要的判断套利机会是否存在的方法：如果在某个局部范围建立的定价体系不能够扩展到更大的范围，那么就可以判定套利机会肯定存在。因此，对于回答在中国是否存在套利机会，我们也许可以问：A股的定价体系是否与包含A股及B股的定价体系相容？A股的定价体系是否与包含A股及H股的定价体系相容？创业板的定价体系能否与科创板的定价体系相容？银行存款收益是否与包含银行存款收益及银行理财产品收益和信托产品收益的体系相容？在岸人民币产品定价体系是否与包含在岸及离岸人民币产品定价体系相容？不相容性是显然的。当然即使存在种种不相容性，由于各种限制，例如对人民币自由兑换的限制，也许大部分人不能获得由此产生的套利机会，但是有理由相信，少数有办法的人总是可以获取这种机会的，这就足以形成套利机会了。

这个套利机会和定价体系相容性的充分必要条件也告诉我们，金融的相关问题都是具有全局性的。金融体系的问题没有真正的部分均衡，金融体系的部分均衡和一般均衡相连，不仅要考虑所有已经在交易的资产，也要考虑那些现在不能交易，但是将来可能通过证券化交易的资产。金融体系是一个充满活力的体系，是一个可以向各个方向快速延伸的体系，增量的变化会迅速引起总量的变化，有限制的套利机会可以演变成典型的套利机会。但是，政府在企图消除这些有限制的套利机会的问题时，例如打破刚性兑付、去杠杆等要很慎重，要防止有限制的套利机会的风险突然变大，从而冲击整个市场和金融体系。

对于我们所考虑的中国金融改革与发展来说，这个套利机会和定价体系相容性的充分必要条件是非常关键的：局部地区的或者某个行业的金融改革必须从全局着眼。建立一个金融试验区和建立一个加工贸易区或者一个科技园区完全是两个不同的问题，前者必须考虑和整个金融体系相容性的问题，后者可能只是一个局部问题。如果不考虑和整个金融体系相容的问题，一个金融试验区的建立，很可能就是仅仅提供了又一个套利的机会，并没有起到推动中国金融改革和发展的作用。对目前正在粤港澳大湾区和上海及其他自贸区推进的金融改革，我们既要强调试验区内所做的改革和全球金融体系的相容性，同时也要关注由此可能带来的试验区内外的套利机会。各地都争着要建立金融中心，主要原因就是金融业是一个赚钱的行业，有可能为当地的经济发展助力，尤其是创造可观的税收收入。例如，深圳被称为中国的硅谷，最吸引眼球的可能是高科技产业，但是，真正的纳税第一行业还是金融产业。但是，除了一线城市，金融产业的发展还是很不容易的，国家要考虑金融发展的相容性，也就是金融的全局性问题。这也就是为什么国家反复强调金融要为实体经济服务。如果当地的金融业能和当地的特殊产业结构紧密结合，就能形成真正意义上的独特的金融创新，那么这种金融体系定价的相容性也就是有可能的，从而也就有可能把金融业做起来。比如，深圳经过40年的努力，深圳产业的一个主要特点就是形成了一个完整的产业链，企业落户在深圳发展就很方便。深圳的各类金融发展很快，为深圳完整的产业链服务。尤其是深圳证券交易所的各个板块门类齐全：主板、中小板、创业板对深圳产业的发展，发挥了巨大的推动作用。这也是深圳金融行业得以发展的一个主要原因。

一般大家讨论比较多的是监管套利和机制套利。这些应该只是中国渐进性改革结构性套利的一部分。目前大家普遍认为，我们存在的分配严重不均是由于改革还不到位造成的，因此必须坚持改革，并且要加大改革力度。一般来讲，改革尤其是渐进性改革通常会造成各种相容性被打破，从而不可避免地产生结构性套利机会，进一步拉大分配不均。而改革的每一步推进，都会提出所谓相容性的问题，通过观察40年渐进性改革的过程，人们可以在每一个时刻、每一个改革步骤实施的前后提出金融体系是否相容的问题，并且寻找相应的结构性套利机会。在中国金融体系的内部，由政府主导的金融体系的建设也是逐步搭建的。我们逐步推出了各类金融产品和市场，例如股票市场的建设按照主板、中小板、创业板、新三板、科创板的顺序推进；金融衍生品按照先场内后场外的顺序推进；由于利率和汇率市场化也是按照逐步推进的原则，从而相应地与利率和汇率挂钩的各类产品也是逐步推出的。我们曾经讨论过的通过股权分置的设立和解决获利是一个结构性套利机会，其他如前海"黄金一日游""假外资"套利等都是典型的结构性套利的例子。

在中国渐进性改革的道路中，逐步形成了我们今天看到的金融体系。一个重要的特点就是，我们的金融体系按照监管体系可以分为三大板块：一块是中央高度集中的银行、证券和保险体系，由两个行业监管部门分别监管；另一块是地方的准金融，包括小额贷款公司、典当行和地方政府融资平台等，主要由地方政府监管；还有一块是离岸金融体系——香港金融体系，由香港的金管局和其他监管机构监管。前两块合起来也可以称作中国在岸金融体系，这个体系和香港这个中国离岸金融体系的互动是最有中国特色的互动。这三大板块的竞争和合作推动了整个中国金融业的发展。但是这三大板块的分割可能造成互相不兼容，从而产生套利机会，进而影响定价体系的建立。一般来讲，在利用渐进性改革的结构性套利机会方面，国有金融机构是可能占有先机的。例如，由于受内地法律法规的限制，银行不能直接设立证券公司，于是银行就在香港设立证券公司，进而让在香港设立的证券公司在内地设立子公司，从而绕过内地的限制。国有金融机构在推进金融业务时，在利用这些结构性套利机会时要有自我约束，尤其在跨境跨界业务方面既要考虑企业自身的利益也要考虑对全局的影响。

由于大家对监管套利的关注，曾经提议要把证监会、银监会和保监会合并起来，现在已经把银监会和保监会合并了，形成了"一行两会"的监管框架。其实即使把三会合并了，也不能完全解决问题。因为除了中央监管的银行业、证券业和保险业这个板块，我们还有另外两个板块：地方准金融板块和离岸金融板块。除此之外目前不少高科技企业，例如华为、阿里、腾讯等公司都在发展投资板块。阿里设立的云峰金融是一个典型的例子。这些金融板块归谁监管？另外产业云，也就是产业数字化也是产业发展的一个方向，这些产业云肯定会和金融业相结合，形成产业和金融混合在一起发展的局面，又如何监管？显然，地方金融监管局根本没有能力去监管的。

香港这个金融中心的形成主要是中国内地改革开放40年逐步造就的。在中国改革开放前，香港几乎没有美资投资银行，这些美资投资银行后来到香港建点主要是为了内地业务。中国内地自1978年的改革造就了香港这个国际金融中心。香港先是成为中国的融资中心。我们主要的央企和主要的商业银行都通过在香港市场上市和其他方式获取资金；中国地方政府平台也在香港融资，例如上海要建设一个高架路，就把该资产注入上海市政府的融资平台——上海实业，可以通过上海实业在香港资本市场的定向增发获取建设资金，以后香港逐渐成为内地的人民币离岸中心，现在香港又成为内地各类金融机构建立分支机构的中心。目前，几乎所有内地的主要金融机构，包括银行、证券公司、保险公司、基金公司、期货公司都在香港建立了分支机构。由于两地各有独立的监管体系和司法体系以及税收制度，再加上人民币还不能完全自由兑换，横跨两地，无论是对机构还是对个人，无疑是有巨大套利机会的。例如，中信集团是一个典型的国有企业，其在香港的上市公司——中信泰富却可以让公司负责人拥有大量个人股份，这在内地是根本不可能的。种种的不相容性是显然的。而这种不相容性又恰恰是渐进性改革的必然结果。当然即使存在种种不相容性，由于各种限制，例如对人民币自由兑换的限制，也许大部分人不能获得由此产生的结构性套利机会，但是有理由相信，少数有办法的人总是可以获取这种机会的，这就已经足够形成套利机会了。由于渐进性改革在改革开放过程中带来了各种结构性套利机会，依据金融学基本原理，我们金融定价体系的缺失是毋庸置疑的。由于各种分割的金融板块、分割的金融市场，不少渐进性改革的结构套利机会比较容易地出现在跨境和跨市场的地方。

最后，我们要讨论一下金融体系内的渐进性改革，这里也有所谓的增量和存量改革的讨论。但是根据金融相容性的讨论，所有金融体系内的增量改革都会和存量改革相连。如果增量和存量这两块由于某种分割，连接不好就很容易产生结构性套利机会。2019年初大家对在上交所设立科创板有很多讨论。设立科创板的意义是清楚的，和2009年在深交所设立创业板相近，是为了支持高科技企业发展，尤其是高科技企业在长三角的发展。由于考虑近年来A股市场受到重创：股价低迷，在上证指数3000点左右徘徊10年，投资者损失惨重，人们对中国股市的信心几乎丧失，从而也影响了A股市场的融资功能。如果在这个节点上，对现有板块进行重大改革，可能会在现有A股市场引起混乱。基于推动高科技行业发展的迫切性，管理层沿用过去的经验，决定用"增量改革"的策略，通过建立一个新的科创板是可以理解的。虽然"增量改革"在产业发展、城市发展的方面基本上是成功的，但是在金融稳定发展上是否一定会成功？我们是否需要更仔细和全面地考虑在金融领域的改革步骤，从而落实中央发展高科技行业的决心和推动中国金融稳定发展。

金融的问题都是全局的问题，这是由于资金的低成本快速流动所导致的。而"增量改革"是局部推进的。在"增量改革"的过程中，各种价格双轨制、各种产业资金补贴、各种扶持政策和税收政策都是局部性的，和金融的全局性形成了尖锐的矛盾。改革的局部性会导致各种结构性套利机会，进而扭曲金融资产的定价体系，从而加剧金融体系的不稳定。我们不讨论在金融体系外部的"增量改革"对金融体系的影响，只讨论金融体系内部"增量改革"的影响。在过去30来年，金融体系内部的各种"增量改革"看似解决了一些问题但是也同时导致了更大的问题。例如，在中国股票市场设立时，为了避免股票市场姓"资"还是姓"社"的争论，为了解决国有企业融资的问题，我们创造了"非流通股"，同时也创造了一个"流通股"与"非流通股"的套利机会，虽然建立了资本市场，但是严重地影响了整个资本市场的后续发展。再如，为了上市融资的需求，我们采用了"存续分立"的股份制改造方式，把一个公司切成两块，一块是上市公司，另一块是上市公司的控股母公司。把公司优质资产和优秀员工装进上市公司从而在资本市场获取较多的资金，我们绝大部分上市国企都是采用这种方式。这种方式虽然解决了国有企业的融资问题，但是也为资本市场留下了大量的问题，包括母公司通过关联交易大量占用上市公司资源，同样也严重影响了资本市场的发展。深交所的创业板是在国际金融危机爆发不久的2009年推出，也是为了支持科技企业融资而推出。创业板在推出之初，为了形成一定规模效应，相当一批企业快速上市，在某种程度上导致了长期无法解决的"三高"现象。核心问题还是定价体系。只有建立定价体系，资本市场和金融机构才能有效地发挥各种融资功能，包括对中小企业和高科技企业提供融资，才能从根本上解决金融稳定的问题。从过去20多年的经验来看，我们的"增量改革"，无论是在金融体系内的还是在金融体系外的"增量改革"往往是解决了一些局部问题，但是加剧了中国金融定价体系的扭曲，从而带来了更大的全局性问题。

◎ 小结

由于过去中国的金融出现了太多严重的问题，现在不少人提出要尊重金融规律，这种反思是对的。但是中国金融规律到底是什么？中国的监管部门和学界并没有说清楚。如果说不清楚规律，那么所谓尊重规律就等于白说。这个规律必须在总结我们几十年的实践，包括IPO定价机制的探索，尤其是最近几年的股灾和金融乱象上给出，这个规律和国外的肯定不一样。我们在这一章论述了中国金融体系的主要矛盾，这是阐明中国金融规律的一个重要进展。中国金融体系的主要矛盾是金融问题全局性与渐进性改革局部性的矛盾，这个矛盾将长期存在。金融问题的全局性永远不会变，而我们的渐进性改革也是一个长期的任务，其局部性也很难避免。无论是金融体系内部还是金融体系外部的渐进性改革都会影响到金融定价体系的相容性，不相容就会产生结构性套利机会，造成金融不稳定和进一步的贫富差距。这些问题都是必须解决的，我们任重而道远！

第五章

读懂"大萧条"和
2008年国际金融危机

为了深入研究中国金融稳定问题，我们必须先读懂发达国家的金融稳定，深入研究历史上的重大金融危机。每一次重大金融危机都是以人们难以想象的形式突然出现，但是事后又发现它们之间有着密切的相关性。中国金融稳定有其特殊性，中国一旦爆发重大金融危机也一定是以一种全新的形式出现，也一定和以往的重大金融危机有着某种密切的联系。这一章是为下一章关于中国金融稳定的研究做准备。

2008年国际金融危机是一场席卷全球的危机，金融稳定再次成为一个中心议题。2008年的危机又让我们重新温习了90年前爆发的大萧条。这两次大危机到底是什么原因催生的？有什么可以把这两次重大危机联系起来？这些问题极其庞大和复杂，每个人可能都会从自己的角度去考察。由于专业原因，我更多的是从金融角度去考虑问题，或者更确切地说，是从非货币原因去考虑问题。并不是货币原因不重要，其实货币原因是非常重要的，但是于我而言很难搞清楚。

在学生阶段，我就一直没有把这个问题搞清楚过，后来也一直在回避这个问题。货币在一般的微观经济学模型里面根本就放不进去。后来我知道有两种办法可以勉强地把货币放进去，并且还能证明这两种办法是等价的。第一种办法，是把货币硬放进效用函数里面，也就是说效用函数里要有两个变量，不仅有消费还有货币。另一种办法，叫作"Cash in Advance"，称为货币前置性条件，也就是说如果你想要消费或投资首先要有货币。这样在原先最优化问题中，除了原有的有关财富的限制条件外，又增加了一个需要货币前置的限制性条件。第一种办法，把货币放进了消费函数，最优化的目标函数。第二种办法，把货币前置性放进了最优化的限制条件。直观上想起来，或者从规划的对偶原理来讲，这两者的效果有可能是等价的。但是这些做法应该说都是比较牵强的。用今天的语言，货币性和非货币性影响也许可以放在社会融资规模里统一考虑。社会融资规模可以比较全面地反映金融与经济的关系，以及金融对实体经济支持的总量指标。社会融资规模是指一定时期内（每月、每季度或每年）实体经济从金融体系获得的全部资金总额，是增量概念。但是问题依然存在，就是金融中介机构存在的基础是什么？为什么金融中介机构的存在是必不可少的？这些机构到底在发挥什么无可替代的作用？对金融机构的挤兑为什么会发生？等等。因为金融机构也是没有办法放入一般的微观经济学模型里面的，传统的微观经济学模型里面只有直接融资渠道，没有间接融资渠道。

大萧条以后，人们花了大量精力去研究金融危机和经济危机。由于马柯维茨在1950年的工作开启了现代金融理论的发展，又由于20世纪70年代经济学中信息不对称性理论的建立，人们才基本上找到了现代金融中介机构理论的基础。人们可以比较自信地宣称，是由于信息不对称问题的存在，经济体系才需要金融中介机构。而解决信息不对称问题则是金融中介机构，尤其是商业银行赖以生存和发展的根本原因。以后人们又发现信息不对称性是金融市场交易成本的主要解释变量，由此也可以说金融中介机构的主要作用是降低交易成本。

值得注意的是，沃顿商学院的Franklin Allen教授在2001年全美金融年度会议的主席报告中指出，由于多年来的科技进步和市场监管力度的加强，我们经济体系中的信息不对称性程度相比过去已经大幅降低，因此有不少人在讨论去银行化，或者去中介机构化的进程，甚至认为用不了多久银行就不存在了。但是他同时也指出，银行的资产规模相对于整个GDP规模的比重多年来并没有下降，也就是说随着GDP的增长，银行的资产规模也在保持同步的增长，增速并没有减少的趋势。他给出的解释是，因为在经济体系内除了交易成本还有参与成本，银行在降低参与成本方面也在发挥着越来越大的作用。所谓参与成本就是企业和个人参与金融市场的成本。金融市场是越来越庞大且越来越复杂，金融产品也由于金融创新变得越来越多且越来越难懂。虽然金融体系的交易成本大幅下降，个人和企业可以用很低的成本进入市场，但是进去以后却会面对很大的风险，有可能损失惨重。例如，历史上不少大型企业由于参与了金融衍生品交易而造成巨大损失的例子是有很多的。普通老百姓在金融产品投资方面也是力不从心的。因此金融中介机构也越来越趋于发展金融风险管理的能力，为个人和企业定制风险管理策略，而这也就成为银行和其他中介机构的主要中间业务，提供风险管理服务也成了金融中介机构最主要的功能之一。

从金融监管部门的角度讲，以前监管工作主要就是制定信息披露准则，强制公司的阶段性常规信息披露以及公司发生重要变化时的实时信息披露，维护所谓的"三公"原则，即公平、公正、公开原则，从而减少市场参与者的交易成本。而现在除了这些，监管部门又开始强调所谓的投资者适当性原则。这个投资者适当性原则实际上就是为了减少投资者的参与成本。中国证监会在2009年深圳证券交易所推出创业板时，第一次提出了对投资者适当性的要求，以后又在股指期货、新三板、科创板等很多新建的板块上提出了类似的要求。由此看来，金融中介机构主要的功能就是提供降低市场的交易成本及参与成本的服务，而监管的目标也是指向这两个方面。可惜的是，到目前为止有关参与成本的深入研究还不多见。几年前我在深圳证券交易所博士后开题时提过有关投资者适当性原则的基础理论研究。在本章中我们只会列举一些金融中介机构在解决信息不对称性方面的经典文献。

经过这两次大的危机，人们已经看到恐慌所导致的冲击力量是一种排山倒海的力量。90年前爆发大萧条的背后是一种恐慌，

2008年国际金融危机的背后也是一种恐慌。这两次恐慌都是源于信息不对称，其表现形式都是挤兑银行。第一次是银行存款者对商业银行的挤兑，第二次则是机构投资者对"影子银行"的挤兑。由于金融机构投融资的期限不匹配，投资一般是长期的，而融资一般是短期的，通常短期融资的成本一般是比较低的。期限不匹配是金融机构利润的主要来源，因而是无法避免的，因此这种期限错配造成金融体系先天的脆弱性也是与生俱来的。由于这种期限的不匹配性，在没有建立有效的存款保险制度以前，恐慌必然导致挤兑。现在倡导金融体系的韧性，可能是要在原有的金融体系中增加一些新元素。但是金融体系的脆弱性从根本上来讲是与生俱来的，因此金融监管和金融稳定的神经是必须紧绷的。2020年我们又面临了一次危机，是由于对新冠肺炎疫情的恐慌导致普通人挤兑医疗资源、挤兑其他消费资源，导致企业挤兑产业链、挤兑原材料，一种全方位的挤兑实体经济，进而引发全球经济危机。由此来看每次金融危机背后的恐慌和挤兑是共通的，但是恐慌的原因和挤兑的对象是不一样的，也是难以预料的。2020年新冠肺炎疫情造成的危机实际上是人类生存危机，是近百年没有遇到过的。这个危机连带出来的金融危机或经济危机是我们熟悉的，但这些都是表象。外部突变因子对实体经济和金融体系的巨大影响，从来都没有这次新冠病毒那么有说服力。这次疫情也会改变我们很多看法。也许我们会把包含疫情的人类生存发展、实体经济发展、金融发展放在一起考虑，而不是仅仅把此次疫情认为是一个外部突变因子。三体世界异常复杂，科幻小说《三体》

对这个世界有很精彩的描述，也许有利于理解这次疫情对经济的影响以及此后一系列可能的变化。我们在这一章中会对这两次重大危机，1930年的大萧条和2008年的国际金融危机做一个简单描述，也会介绍经典的描述银行挤兑的模型以及解决挤兑问题的可行方案。

每次由于恐慌导致股票市场大跌或者金融危机的背后可能是信息传导机制失灵。这里我们讨论大家熟悉的1987年的黑色星期一。1987年10月19日，当日悉尼股市首先开市未见异动。中国香港时间早上10时，香港股市准时开市，恒生指数一开市即受纽约影响恐慌性下泻120点，中午收市下跌235点，全日收市共下跌420.81点，收市报3362.39点（下跌幅度超过10%），各月份期指均下跌超过300点。受中国香港暴跌影响，各亚太地区股市全面下泻，效应如骨牌般随各时区陆续开市扩展至欧洲市场，并最终又回到纽约：道琼斯工业平均指数大幅下跌508点（下跌幅度逾20%）。

如果从信息传导机制失灵的角度去考虑问题，投资组合保险（Portfolio Insurance）产品本身就是一个重要原因。投资组合保险产品，就是人们用看跌期权和股票可以构造一个投资组合保险。在20世纪80年代，当时市场上并没有可交易的看跌期权，但是有关期权的理论已经发展得很深入，期权定价的理论模型也已经推出，金融机构已经明白如何自己生产看跌期权。一种方法是动态复制看跌期权，有一个名称为LOR的公司就采取了这种方式，或者在市场上获取低成本可以制造看跌期权的原材料，然后通过加工把看跌期权制造出来，高盛在1989年开发的日经指数认股权证属于此类。我们把δ定义为看跌期权价格变化相对于其标的资产价格变化的比率，随着股票价格的变动和时间的变化，δ值也在不断变化，而需要频繁调整的操作被称为动态复制。在看跌期权的动态复制过程中，人们通过同时卖空股票和买入债券而实现。在市场下跌的时候，大量的因看跌期权复制所需要的股票卖空交易传递给市场的信息却是看空股票，从而造成市场进一步的恐慌和股票价格的下跌，也就是市场的信息传递出了问题，并且误导了投资者。

另外，在股市大跌时，动态复制看跌期权本身也发生了困难，从而使得组合保险的作用也不容易发挥。首先，股指的急剧下跌和下单的困难使得组合保险使用者不能根据动态复制看跌期权进行持续交易。其次，理论与实际期货价格的差异表明应用期货可能会带来基准风险。再次，隐含期权的波动表明，股价跌落加剧了预期的波动，而波动的加剧会导致看跌期权成本的上升。最后，动态交易策略使得对流动性需求大幅增加。在系统总结1987年股灾教训的基础上，美国推出了股票市场的熔断机制，也就是让投资者在恐慌的情绪爆发时可以冷静一下。也有人建议了"阳光下的交易"，就是尽可能地说明交易的目的，例如卖空股票的目的是复制看跌期权而不是看空市场，当然这是很难实现的，最后就是让动态复制看跌期权市场消亡完事。在这一章中，我们会用同样的思路对2007年的恐慌背后的信息传导机制失灵的问题进行讨论。

◎ 大萧条、金融中介机构理论、美国存款保险制度的建立

1929年10月29日，纽约证券交易所里所有的人都陷入了抛售股票的漩涡中。股指从之前的363最高点骤然下跌了平均40个百分点，影响波及西方国家乃至整个世界。旋即美国历史上最惨烈的股市暴跌，逐步演化为金融危机、经济危机、全球经济危机。危机从1929年绵延至30年代末，美国的劳动力失业达到25%，数千家银行倒闭；萧条不仅肆虐美国，更席卷全球。这次经济危机因此被冠以"大萧条"之名。伯南克曾说："如果你想了解地质学，就去研究地震；如果你想了解经济学，就去研究美国和世界经济遭遇的最大灾难。"大萧条是经济学研究的实验室，并且在不同历史节点，总能令人"温故知新"。其原因在于，大萧条并非一个单点爆发的经济危机，而是延续多年积累的复合型危机，例如，由于贫富差距拉大造成产能过剩，于是金融加杠杆刺激消费，导致企业扩大生产，从而造成表面上的经济繁荣以及股市繁荣。1929年10月24日，美国迎来了它的"黑色星期四"，股市突然暴跌，开启长达10年的大萧条；造成危机的并非是一个错误，而是一连串错误：财政政策错误、货币政策错误、金融监管错误、贸易政策错误……因此，对大萧条的反思可以有许多不同的侧面：货币政策和金融稳定的关系、价格管制等政府干预的有效性问题、政府救助的道德风险问题、1930年关税法带来的二次伤害等。

在美国，金融危机是常态。在美国1907年金融危机后，一个

法国银行家说"美国是一个很大的金融麻烦"。在19世纪末，美国金融危机连续不断地发生在1873年、1884年、1890年、1893年、1907年。美国在1836~1913年没有央行。在美国，不少人对中央集权很反感。"即便掌权者是万能的，最好的政权也是邪恶的。"美联储建立于1914年，但是由于金融危机不断，直到1933年才建立了对银行的严格监管。1930年经济危机后罗斯福新政中最成功的一项举措就是在1934年通过和建立了银行存款保险制度。美国在历史上是金融危机发生较多的国家，即使在1914年建立了联邦储备银行后，也没有从根本上改变这个情况。直到实施了银行存款保险制度，这个情况才从根本上发生了变化。从1934年到2007年，这个阶段被称为安静的阶段，一般认为在这个阶段没有发生大萧条，只有大调整。当时在讨论设立银行存款保险制度时是有很多反对意见的，主要的考虑就是担心存款保险制度的设立会加剧银行的道德风险问题。这里所谓道德风险就是，由于有政府兜底，存款保险就是刚性兑付，银行就会专门选择高风险的项目做投资。一般认为，投资者应该对风险敏感，风险自负是金融的一个基本原则。但是现实世界是复杂的。有研究表明，银行存款利率对于银行的风险是不敏感的，也就是说存款者对银行的风险是不敏感的。这可能是银行的业务复杂而且不透明，再加上"搭便车"的心理，存款人既没有能力也没有意愿去关注银行的风险情况。也就是说，道德风险问题可能是银行与生俱来的，不是设立银行存款保险制度所带来的。当然对于存款保险制度所带来的道德风险问题一直是有争论的，不少人认为巴塞尔资本协议就是用来解决这类问题的。这是由于银行存款保险制度的兜底，银行的经营方向可能偏向高风险，而巴塞尔资本协议用资本充足率的要求对这种高风险偏好做出某种限制。

1930年经济危机后，引发了大量有关银行和金融危机的研究。Bernanke（1983）指出由于银行体系的崩溃，银行失去了在解决经济体系中信息不对称问题的作用，或被另外的不那么有效的机构取代，从而导致1930年严重但不是前所未有的危机演变成了前所未有的大萧条。非货币性金融因素，例如银行业恐慌和企业倒闭，在堵塞正常的信贷及资金流动进而导致经济崩溃方面起了重要的作用。这个研究大概是最早也是最权威的对金融危机导致经济危机的研究。Bernanke把大家只关注美联储允许货币供应下降而造成的损害引导到关注金融系统失灵的问题上。Bernanke对大萧条的深入研究，有助于他在2008年国际金融危机中，作为时任美联储主席果断采取各种救助措施，从而为避免全球经济危机作出了卓越的贡献。Bernanke（1983）认为，金融中介机构在解决经济体系中信息不对称的作用是非常重要的。在传统的微观经济学教科书中，投资者和消费者合二为一，厂商通过融资和雇佣劳动力进行生产活动，通过价格调整供需使得产品市场和资源市场达到均衡。在一般的讨论中是没有金融中介机构的，因为这些机构放不进去。一直到有了信息不对称性理论，我们才理解为什么这个世界需要金融机构，以及大量金融中介机构的倒闭对1930年的经济危机产生了什么影响。以下我会简略讨论金融中介机构理论的研究。有关金融中介机构的研究浩如烟海，这是由于金融机构的复杂和琐碎性决定的。记得我当年读书的时候，一位教授仅仅讨论金融中介机构的效用函数是什么就花费了不少时间。有的研究认为金融中介机构的效用函数是线性的，因为中介机构和大量的客户打交道，因此非系统性风险都可以被分散了。而有的研究则认为由于竞争是不完全的，金融中介机构的效用函数应该是风险规避型的。这里选择我们认为最重要的文献来讨论，以下是几个经典的研究。其中的数值例子来源于我读书时老师的讲义。当年我们读书时，对于很多重要理论教授们会用一些数值例子来讲解帮助我们去理解，受益匪浅。

第一个研究是Leland和Pyle（1977）的贡献。金融中介机构通过在其具有特殊知识的资产上的投资，来解决信息非对称性问题。这是基于Akerlof（1970）关于二手车市场的信息不对称交易所产生的理论。在二手车市场里，卖主一定比买主掌握更多的信息，这是由于买卖双方对车况掌握的不同导致，导致二手车市场交易量的萎缩。解决的办法就是需要一个有信用的二手车市场中介，其主要功能就是通过一些特定办法去缓解二手车市场的信息不对称性问题。银行等作为有信用的中介机构，其主要作用就是可以较好地解决在实体经济和金融市场间存在的大量信息不对称问题，从而服务于实体经济的发展。以下是一个信息不对称性导致的逆向选择和中介机构的解决方案的数值例子。

老何是一个公司的所有者，他知道这个公司的价值。其他人只知道公司的价值是在0至100元。这就是所谓的信息不对称性。为了方便讨论，假定大家没有任何信息，只知道这个公司的价值

115

是一个均匀分布，也就是说大家只知道价值在任何一个等宽度的微小区间都是等可能的。我们还假设老何不如大家称职，如果这个公司在老何的管理下具有价值X，在别人管理下的价值是$1.5X$，可以增值50%。现在老何想要把公司卖给你们。在通常情况下，这个交易对你们和老何都是有好处的，因为大家可以分享这多出的$50\%X$的好处，这个好处的分配被称作交易剩余的分配，至于如何分配那就取决于老何与你们的讨价还价的能力了。假设这个买卖过程是这样安排的，由你们来出价，然后老何决定是否接受你们的出价，然后把公司卖给你们。这个买卖能成功吗？结论是在上述假定下，这个买卖是做不成的。整个思维过程是很简单的。你们自然会想，假如你们出价50元会是一个什么情况：如果老何接受了，那么你们就会想这个公司的真实价值一定是小于50元的，否则老何不会卖，于是你们就会调整合理估值区间，也就是这个公司的价值一定是在0~50元，其均值为25元，然后乘以1.5，这个公司对投资者价值的估值就是37.5元，小于50元，那你们就亏了，这个事不能干；如果老何拒绝了，那么这个交易自然也就做不成了。这个思维过程可以被称为理性预期的思考过程。在金融交易过程中，由于这个理性预期的思考，即使没有交易，价格也会发生变化。在这个特定的例子里，由于信息不对称，影响了成交，从而也影响了价值提升，也影响了双方的获利。那么如何来解决这个问题呢？让老何来宣布这个公司真正的价值，谁会相信呢？让老何请一个公司进行调查后宣布公司的价值，但是你们是否会相信这个公司呢，你们会担心老何是否会和这个公司合谋欺诈吗？解决此类问题显然需要一个有信誉的中介机构去老何的公司做尽职调查，然后给出一个有关老何公司的估值报告。而信誉是让人相信的保证。金融中介机构常常是百年老店，一般都有很高的信誉。因此金融中介机构的主要作用就是通过解决信息不对称带来的问题，为自己带来业务，同时提高整个社会的运行效率。银行是间接融资的中介机构，表面上的主要业务是存贷款业务，但是真正解决的是存款方和贷款方的信息不对称性带来的问题，这可能是银行赖以立足的主要原因。

第二个研究是Diamond（1984）的贡献。金融中介机构作为监视代理者来解决信息不对称性问题。Diamond（1984）的模型表明，解决企业的道德风险问题可以通过有制裁的债权。他同时也讨论了银行的道德风险问题，而解决银行的道德风险问题也可以通过有制裁的债权。在双重制裁的债权设计下，通过做大银行，分散行业的贷款风险，可以比较好地同时解决银行和企业的道德风险，以及银行倒闭风险。我还是用一个例子来说明金融中介机构的代理监视作用。老何有一个项目，需要投资100万元。该项目在明年会以概率0.8产出140万元，以概率0.2产出100万元。如果没有外部监视，只有老何知道真正的产出。假定有一个监视方法，其成本是200元。通过监视，投资者可以知道真正的产出。投资者要求的回报率是5%。我们考虑几种情况：（1）没有监视的投资：股权和无制裁的债权融资是不可行的。因为一旦这个项目启动，在任何情况下老何都会报告只有100万元的产出，投资者要求的回报率5%于是就达不到了，融资也就不可能了。但是有制裁的债权融资是可行的。只要老何说产出为100万元，债权人就严厉制裁老何，其具体方式可以是把这个项目彻底给破坏了。有制裁债券的面值F满足1.05×100万元$=F \times 0.8 + 0 \times 0.2$，$F=131.25$万元，票面利息为31.25%。在这样的情况下，老何会如实上报产出，但是其制裁成本过高，因为有0.2的概率产出确实只有100万元，于是制裁的成本是20万元。（2）有监视的投资：首先考虑投资者自己去监视。这里可以分两种情况。首先是简单情况，有一个大投资者愿意投100万元，并付200元监视成本。当产出是140万元，投资者得到f，但如果产出是100万元，该大投资者也愿意接受100万元。1.05×100万元$=f \times 0.8 + 100$万元$\times 0.2 - 200$，$f=106.275$万元。债券的票面利息是6.275%，多余的成本仅仅是200元；其次是复杂情况，如果有10000个小投资者，每人投资100元，没有人会愿意去监视。这是一个典型的"搭便车"问题，因此在有很多小投资者的情况下项目投资是不可行的。（3）有代理者监视的投资：有一个机构叫银行，其资本金是200元。银行从10000个投资者每人接受100元的存款。银行同意一年后给投资者d，银行在老何的项目上投100万元并作代理监视。由于投资者担心银行作假，对银行也采取有制裁的债权。就是如果银行说产出是100万元，投资者就把银行砸掉。1.05×100万元$=d \times 0.8 + 0 \times 0.2$，$d=131.25$万元，存款利息为31.25%。而这个项目的最高贷款利率f要满足100万元$\times f=140$万元$\times 0.8 + 100$万元$\times 0.2 - 200$元，$f=32\%$，如此高的贷款利率估计项目本身也承担不了。我们再考虑银行有两个项目时的情况，如果银行有资本400元，而且老何1，老何2是两个相同但互相独立的项目。同样考虑存款人会对银行采取极端制裁措施，以防止银行的欺诈。银行从20000个投资者每人接受100元的存款。银行同意一年后给投资者d，银行在老何1和老何2各投100万元并在每个项目上花200元监视费。银行破产的可能是0.2×0.2=0.04银行应该付给投资者d，满足，1.05×100万元=d×0.96+0×0.04，d=109.375万元。存款利息为9.375%。银行需要付218.75万元给存款者。如果一个项目只产出100万元，另一个项目需付出118.75万元，因此项目贷款利息是18.75%。这个存贷差高达9.375%，18.75%-9.375%，只是反映了各方的风险—收益情况，并不说明银行能够赚钱，是为了防止在单个企业破产的情况下，银行不至于破产。这个例子也说明了存款利息与太多的因素有关系，和贷款利率有关系，和银行整体业务有关系，和虽然单个项目破产但是银行不一定破产的设计有关系，等等。一般的小存款者是不愿意也不可能去分析这些的。同样银行项目贷款的利息的决定也是很复杂的，不仅和项目本身的风险收益有关，还和银行的存款利率以及银行整体业务有关。在这例子里，银行发挥了资产转换功能，银行的存款者和贷款者是一个多对多的关系。很自然地，当银行做财富管理业务时，也会沿着惯性思维采取多对多的策略。随着银行相互独立的项目增加，银行的存贷款利率都会下降，而且银行的破产概率也会快速递减。通过贷款项目的增加，尤其是相关性低的项目增加，银行能够得到更好的发展，个别项目的破产不会影响到整个银行的破产。存款人、贷款人、银行三者的复杂关系在这里得到了充分的体现，存贷息差的变化也反映了这三者之间的关系。

第三个研究是Diamond和Dybvig（1983）的贡献，流动性风险引发银行挤兑。这是第一篇讲清楚银行挤兑的学术论文，在金融界有很大的影响。Dybvig教授1998年来香港时，正值亚洲金融危机爆发，他和我谈起了这篇论文，说这篇论文可以用来讨论亚洲金融危机。为节省篇幅我把这篇论文和金融危机放在一起讨论。

在学术界有两种金融危机理论。第一种理论，危机是一种自我增强现象。在学界最具影响力和原创性的有关金融危机在这个方面研究的论文应该是Diamond和Dybvig（1983）。他们的分析基于以下基本考虑：银行面对企业的短期和长期贷款机会，一般来讲长期贷款回报率较短期贷款的回报率要高，而银行存款一般是短期的；存款者在存款的时候暂时不确定他是否在短期或长期需要用钱；银行存款者从银行取钱时，银行并不知道存款者正好是需要用钱还是有别的考虑，例如担心银行的风险。在这些考虑下，一个重要的结论就是银行天生的脆弱性。如果很多存款者都在短期要取钱，银行可能必须中断某些长期投资的项目从而遭受损失，即便如此，银行也不能满足所有存款者来银行取钱。他们的分析指出，所谓的金融危机就是存款者挤兑银行，从挤兑一家银行到挤兑多家银行的连锁反应，由此导致实体经济遭受重大损失的经济危机。银行恐慌是集体非理性或集体歇斯底里的结果或者是自我实现和增强式的。由于银行资产流动性和负债流动性不相匹配是银行固有的特征，这里就存在着两种均衡：如果人们相信银行挤兑将要发生，则最优的结果是每个人都去提款；如果人们认为银行挤兑不会发生，则最优的结果是继续让钱存在银行里。究竟会出现哪种均衡，取决于外来的随机因素——突发事件。金融危机产生的原因主要有两个：第一个就是银行的资产和负债的期限错配，这是金融机构与生俱来的脆弱性，是任何监管措施都无法改变这个金融机构赖以生存的模式；第二个就是恐慌，导致对银行/影子银行的挤兑，恐慌的触发机制是复杂的，也很难讲清楚，因此在很大程度上也可以理解为是随机的。也就是说，金融危机是不可预测的。虽然如此，人们还是在持续的努力，希望能够预测金融危机。由于银行挤兑风险，银行面临要么仅投资于短期项目从而获取较低的收益，要么投资一些在流动性较差的长期项目上，但是要面临银行挤兑的风险。解决银行挤兑风险的办法大概就是：一是设立银行存款保险制度和政府救助有流动性问题的银行；二是赋予银行在超过一定的支付额度后不支付的权利，但是人们担心这种权利可能会被滥用。在实践中，尤其是在美国，人们认为在1933年经济大萧条时设立的存款保险制度，从根本上解决了金融危机的问题。

另一个金融危机理论是基于经济周期的理论。这是一个很直观且很容易理解的理论。经济下行导致银行资产减少，导致资不抵债，导致银行挤兑。在这个理论中，银行危机不是随机事件。在有关两种理论哪一种可能性更大的实证检验研究表明，经济周期理论对金融危机具有更多的解释能力。但是在研究所用的样本中1930年后的数据基本上来自发展中国家。这主要是由于宏观经济学的发展和成熟，发达国家已经可以用宏观政策的逆周期调控平滑经济周期。大萧条始于股票市场的崩溃，然后是数千家银行倒闭，逐步演化为经济危机、全球经济危机。因此通过政府救助，挽救金融机构倒闭是一个重要的阻断机制，用于保持银行解决经济体系中信息不对称作用，从而防止问题快速地向实体经济蔓延，从而防止重演把严重但不是前所未有的危机演变成了前所未有的大萧条。

◎ 次级房屋抵押贷款

2007年的金融危机也被称为次级贷款危机。在这一节我们简单介绍次级房屋抵押贷款。次级抵押贷款是为了使美国经济保持持续的活力，使那些收入有限、缺乏现金的低收入和少数族裔家庭可以获得银行贷款和拥有房屋而提出的金融创新产品。20世纪90年代次级房屋抵押贷款因其流程的标准化而急剧扩张。这个变化是由于技术的变革，包括信用积分模型、承诺支付自动化等，使得标准化借贷产品和程序化申请手续获得了效率。次级贷款的借款人一般满足以下一个或数个条件：在过去12个月中有两次或以上30天不良信用记录，或者在过去的24个月中有过一次或以上60天不良信用记录；在过去24个月中有诉讼判决、丧失抵押物被赎回或取消的权利；在过去五年中有过破产记录；被证明违约可能性高，例如信用评分是660分或以下；资产负债率达50%或者更高；或者从每月收入中扣除负债成本后，无力负担家庭生活费用。

哈佛大学《1998年国家房屋状况报告》对于次级抵押贷款的

评价:"在市场和法规要求低收入者和少数族群更有机会购买房屋的压力下,金融机构修改了它们的承诺的支付业务,使得借款标准更加的灵活。在这一过程中,他们发明了几种新的产品,使得那些收入有限和缺乏现金的借款人在保证金上可以符合抵押贷款的资格。"解决低收入群体住房问题是很多国家政府关注的,处理好这个问题有利于社会稳定。次级抵押贷款是试图用金融创新方法来解决这个问题,当然这种探索有可能引发新的问题,这也是金融创新过程中常常遇到的问题,因此金融监管要有能力跟上金融机构创新的步伐。

怎样通过金融创新设计一种抵押债券使得风险较大的低收入群体通过借款买得起房产?次级房屋抵押贷款的关键条款设计有不少特点。最突出的是固定和浮动利率的集合,例如3/27合约,前3年是固定利率,后27年是浮动利率。固定利率比浮动利率要低很多。从固定利率转换到长期浮动利率那个点叫作利率重置日。在上述的3/27合约里,利率重置日就是在第3年末。合约规定,如果在重置日之前还款,银行是要给予高额处罚的。由于次级抵押贷款设计的长期浮动利率要远高于短期固定利率,因此没有人愿意在重置日以后继续维持合同。也就是说,这个表面上看起来是一个30年的长期贷款合同实际上最终会演变成一连串的短期合同。更确切地说,贷款附带的选择权归银行,银行决定这个贷款是否违约或者是否可以提前偿还,这和普通的贷款合约很不一样。

一般来讲,标准的优质抵押贷款通常是一个普通30年贷款加上两个期权,借款人有权在任何时候按照以下方式行权:借款人有权提前偿还（购买期权），有权违约（一个卖出期权）。优质房屋抵押贷款通常给贷款者提前偿还权和违约权。可以理解为优质抵押贷款价值=普通债券价值−（提前偿还债券权+违约期权），由此关系可理解优质抵押贷款的票面利率要高于相应的普通债券的票面利率。由于次级抵押贷款的设计是由银行决定这个贷款是否违约或是提前偿还，大概可以理解为次级抵押贷款价值=普通债券价值+（提前偿还债券期权+违约期权）。次级抵押贷款的创新在于把给贷款人的期权转到银行，从而使得次级抵押贷款的票面利率要低于相应普通债券的票面利率，当然更低于优质抵押贷款的票面利率。当然这些所谓高和低的票面利率都反映了不同合约的设计，都是风险和收益的综合考虑。另外，把长期合约切割成一系列的短期合约，也有利于银行的风险管理。显然通过这一系列的安排，次级抵押贷款价值又和房地产价格紧密相连。由于针对客户的信用状况，以及特殊条款的设置，通过早期相对较低利率和极低的首付，甚至是零首付，银行开辟了新的放贷市场。应该说次级抵押贷款是一个有意义的金融创新，如果没有后续复杂的证券化过程，应该也是风险可控的。

◎ 2008 年国际金融危机、影子银行的挤兑

Robert Lucas教授在2003年美国经济年会上的主题演讲中宣称"经济危机防范的主要问题已被解决了"，Ben Bernanke教授在2004年的一个题为"伟大的调整"（*The Great Moderation*）的讲演中也

认为现代宏观经济学已经解决了经济周期的问题。1934~2006年，在长达70余年的过程中，世界经历了多次的股市崩盘、房地产泡沫的破灭、局部地区的金融危机（例如1998年的亚洲金融危机）等，但是并没有爆发全球性的金融危机，以及由金融危机引发的全球经济危机，确实是有理由使大家相信，人们已经找到了防范金融危机和经济危机的方法。但不幸的是，2008年席卷全球的金融危机再次爆发。根据我们前面的分析，这次金融危机主要还是由于恐慌和挤兑造成的。问题是，美国等国家已经有了对商业银行的存款保险制度，那么挤兑发生在哪里，谁在挤兑，恐慌的原因在哪里？

2007~2009年全球金融危机，又称世界金融危机、信贷危机、信用危机，更于2008年起名为金融海啸及华尔街海啸等，是一场在2007年8月9日开始浮现的金融危机。早期次级房屋信贷危机爆发后，投资者开始对按揭证券的价值失去信心，引发流动性危机。由于次级抵押贷款机构破产、投资基金被迫关闭、股市剧烈震荡引起金融风暴，全球主要金融市场出现流动性不足危机。即使多国中央银行多次向金融市场注入巨额资金，也无法阻止这场金融危机的爆发。2008年9月9日，这场金融危机开始失控，并导致多个相当大型的金融机构倒闭或被政府接管。2008年9月14日星期日，雷曼兄弟在美国政府拒绝提供资金支持援助后提出破产申请，而在同一天美林证券宣布被美国银行收购。9月16日，美国国际集团（AIG）由于持有众多到期合约面临信用违约而被调低信用评级，在AIG证实其已经无法找到愿意给它提供贷款、拯救它避免破产的出借人的情况下，美联储应AIG要求，向AIG提供高达850亿美元的同业信贷融资便利服务（Credit Facility），条件是获取AIG 79.9%的权益性资本并有权对AIG之前已经发行的普通股、优先股暂停派发红利或股息。2008年9月16日，一家大型的货币基金Reserve Primary Fund因为披露其持有雷曼兄弟公司的债券，其净值跌至1美元以下，这导致投资者赎回他们的基金需求大幅增加，金融危机进一步恶化。9月21日星期日，幸存的两家投资银行高盛和摩根士丹利，向美联储提出申请，转变为银行控股公司。此举令两家公司受到较多监管限制，但又较容易融资。时任美国财政部长保尔森宣布原本不包括外资银行的方案，会扩大至包括在美国的外资金融机构。美国政府7000亿美元的纾困计划于2008年10月1日获得通过。其他国家也都面临很多相似的问题并且采取了相应的措施。

对这场危机比较细致的描述是：当美国房价停止上涨并有所回落，抵押贷款违约开始出现，抵押贷款相关证券的风险随之上升，银行借贷（包括短期融资）发生困难，显现流动性问题。贝尔斯登的问题是一个例子，贝尔斯登依赖有抵押的短期融资。从2008年3月10日下午起，市场有关贝尔斯登流动性的谣言四起，使得贝尔斯登拥有高质量的抵押品但是无法获取短期融资。由于融资困难，银行只得变卖抵押贷款相关证券。资产变卖造成进一步的融资问题。银行的损失侵蚀了银行资本，加上银行资本充足率的要求，使得融资更加困难，从而加速变卖资产。此次危机也被描述成是一种自我增强的现象：银行的融资困难导致银行不愿提供贷款，影响实体经济；当更多的银行企图变卖资产，资产价格进一步下跌，从而导致银行资产更严重的流动性问题。通常的银行资产流动性问题在于银行的资产是企业的长期贷款，本身缺乏流动性。而这次银行的资产流动性问题是银行无法按市场价出售本来具有高度流动性的证券。尽管金融机构可以从美联储贷款，但是他们可能已经资不抵债。当银行资产的流动性丧失，会导致通常的银行挤兑现象。而雷曼的倒闭引发了全球的恐慌，银行间市场停止运作。通过资产证券化，单个银行的贷款转换成风险分散的证券，于是很多金融机构的资产变得相似。

沃顿的 Gorton 教授全面深入地参与了 AIG 信用互换产品的研发工作。Gorton（2008）对 2008 年国际金融危机有非常深刻和清晰的分析。我们在以下会引用 Gorton（2008）中的不少内容。2008 年发生的这场肆虐全球的金融危机与以往几次金融危机，从表象上看主要存在以下三方面的共同之处：首先是金融创新行为失控。金融创新行为能够使金融系统更富有效率，但近期次级抵押贷款和结构信贷产品的创新行为却显示了其极具破坏性的一面。源于“贷款证券化”商业模式的系统性风险未能得到控制，对信用风险进行谨慎评估的激励机制尚未建立，在此情况下，金融创新大大增加了金融产品的复杂性，增加了价值评价的难度。其次是资产价格泡沫破裂。房地产价格泡沫膨胀使次级抵押贷款市场的借贷标准不断下降，高风险借贷行为极为盛行，市场乐观地认为只要房地产价格能够一直保持升势，次级抵押贷款的违约率就能得到控制。但是，房地产价格泡沫却于 2007 年出现破裂，并直接导致金融系统脆弱的根基浮出了水面。最后是金融机构资产负债表恶化。次级抵押贷款违约率迅速上升，很快引发了结构信贷产品出现问题，当以抵押贷款为标的证券以及结构性信用产品，如CDOs和SIVs市场发生崩溃时，银行和其他金融机构面临巨额损失。

以上三点都是表象，那么问题的实质是什么呢？2008年国际金融危机，从本质上讲就是金融机构对以短期金融市场为代表的"影子银行"的挤兑。对这种新的挤兑模式人们是没有预料到的。长期以来人们一直认为回购协议利率是真正的无风险利率，被广泛地用于资产定价中。但是在危机中，大家意识到由于对影子银行的挤兑，回购利率也是有风险的。回购融资是银行间拆借的主要形式，本质上是有担保品的短期贷款，回购协议市场实质上在2007年8月消失了，空缺持续了几个月。公开市场一级交易商不愿接受抵押品，因为他们完全相信如果他们持有抵押品，以后没有市场去出售它。活跃交易缺失导致无法给抵押的结构化债券定价，导致回购市场一度消失。2007年的恐慌是银行的恐慌吗？本质上仍然是。多年来已经形成了一个表外交易和衍生产品的世界——影子银行系统。影子银行其实也是银行，它们也为经济体提供信贷，创造货币供应。当信贷紧缩发生，且蔓延到整个银行体系当中后，影子银行也好，传统的银行也罢，都受到影响。当价值超过2.7万亿美元的回购合约未能履行时，通常的银行也不得不四处去寻找资本。美国在危机中把主要的投资银行改造成金融控股公司，从而纳入美联储的监管范围和由美联储担任最后借款人，从而建立了某种影子银行投资者保险制度。

恐慌的根源在于信息的缺乏。那么在复杂的证券化过程中，买卖双方之间的信息不对称是如何产生的？这一系列相互关联的证券对房价的敏感度如何？风险如何以极不透明的方式扩散？ABX指数如何汇集和揭示相关信息？本质上是整个基于次级抵押债券的金融产品链条太长而且太复杂，这种复杂的结构导致严重的信息不对称性问题，而这个问题又无法解决。在这个链条上，风险点和风险传导机制也无法看清，这些都是造成恐慌和挤兑的原因。以下是一些有关在2008年国际金融危机中起到决定性作用的影子银行和信息传导机制问题的描述。

2005年和2006年次级抵押贷款大约有1.2万亿美元，其中80%是被证券化的。为什么房屋抵押贷款要被证券化？单个或者数个房屋抵押贷款很难被国际投资者直接持有，因为房屋抵押贷款具有信用质量的不确定性，较高的违约可能性。证券化可以较好地解决以上的问题，证券化可以通过抵押贷款组合分散风险，通过分层切割使得国际投资者持有评级为AAA级的部分，其他高风险部分则由具有高风险偏好的投资者持有。其次是为什么要进一步做CDO？可以把从房屋抵押贷款证券化过程中分层切割的资产进一步组合。由于合成CDO的产生，又进一步推动了CDS的快速发展。

以下我们简单地描述从基础按揭资产到CDO的形成过程：根据借款人的首付款比例和借款人信用程度对按揭贷款进行分类。其中，借款人首付比例低且信用程度不高的贷款称为次级住房按揭贷款；将不同风险程度的按揭贷款打包，形成了不同评级的

RMBS债券。其中BBB以下评级的为次级RMBS；CDO作为SPV出现，购买各种RMBS，其中高评级CDO主要购买A级以上RMBS，而中间级CDO主要购买BBB级以下的RMBS；如果一个CDO又购买了另一个中间级CDO的份额，则这个新的CDO被称为"CDO平方"。本来作为CDO高级份额（AAA级份额）持有人的投资银行，可以通过与保险公司之间的信用违约掉期，将本来自己承担的CDO还本付息的风险转嫁到保险公司身上。次级RMBS在ABS、CDO投资组合中所占份额越来越高。次级RMBS根据2008年4月的统计，在高评级的ABSCDO投资组合中占50%的份额，而在中间评级的ABSCDO投资组合中更是高达77%的份额。2005~2007年，含有次级RMBS的CDO规模快速增长，基本翻倍。2003~2007年，投资于次级贷款证券的交易占了样本CDO的交易数量的几乎一半，可见次级贷款证券在CDO中的数量非常巨大。投资者缺乏CDO的信息，主要是次级抵押贷款的风险的位置和范围难以确定，相互关联的证券链条和衍生品又都太复杂。在给CDO定价时必须自下而上地厘清复杂的关系、次级抵押贷款的情况、对房价的确认、每一个RMBS繁多的次级抵押贷款，等等。对这种复杂情况，投资者是无法看清楚的。

ABX指数是在2006年的早些时候当房价开始下跌时开始交易的。它为投资者形成2007年房地产下行的共同认识扮演了重要角色。ABX提供了一个次级贷款价格变化的标的。它允许次级市场有效的卖空和套期保值，这使各方可以充分表达他们对于次级贷款价值的看法，并将其反映在ABX指数上。ABX指数是市场信息的唯一来源,并在2007年成为这场危机的焦点和中心信息提供者。我们知道房屋的价格很难被准确计量,也是最容易形成泡沫的行业。次级贷款是基于对不断上涨的房屋价格来设计的,而相应的衍生产品也无法满足投资者对看空的需求,直至ABX指数的出现。投资者用ABX指数来对冲他们的次级抵押贷款余额和用一个流动的和透明的工具来表达他们对次级贷款市场的看法。但却无法改善次级贷款本身的信息不对称性的问题。由次级贷款所带来的大量衍生品以及其复杂的结构,使得信息传递成为一个几乎不能解决的问题。由于信息不对称,估值没有形成共识。次级贷款危机源于复杂的证券衍生产品和特别目的工具组成的链条,这个比较长的链条造成了信息不对称和信息的丢失。链条构建者也许理解这个链条含有的信息,但投资者很难去理解。

◎ 小结

通常金融危机有两种原因:一种是由于恐慌从而挤兑金融机构造成金融危机,另一种就是经济严重下滑导致金融危机。目前,通过货币政策和财政政策的实施基本可以平滑经济周期,从而防止由经济严重下滑引发的金融危机。1930年的大萧条始于金融危机,由于没有及时阻断其向实体经济的传导,从而导致了大萧条。2008年国际金融危机,由于措施得当,恐慌波及实体经济的路径被成功阻断,避免了大萧条。通过大萧条和2008年国际金融危机,各国央行在防范金融危机和防范金融危机导致大萧条储备了各种工具，积累了各种经验。但是环境在不断地变化，这次2020年由于新冠肺炎疫情引发的危机，有可能发生很多意想不到的事情，也会引发很多的思考。2020年新冠肺炎疫情导致全球经济停摆，企业关闭（倒闭），员工宅家（失业），金融市场大幅波动。各国政府已经采取了很多措施，包括中央银行动用各种工具维护金融体系的稳定，甚至直接动用直升飞机撒钱，给企业和老百姓直接发放现金，用于维持企业继续生存和人民可以购买生活必需品。但是如何走出困境，政府的救助政策能否凑巧，完全取决于疫情的蔓延和控制情况。今后我们也许要面对的就是金融危机、经济危机、人类生存危机等多种危机相互影响的局面。

第六章
中国金融稳定

2008年国际金融危机使得金融稳定再次成为人们关注的重点。一个重要的讨论就是金融监管应纳入逆周期的宏观审慎管理框架。人们充分意识到对单个金融机构的监管不足以维持金融稳定，应加强对整个金融系统风险的关注。这和我们在第一章就强调的所有金融问题都是全局性问题在本质上是一致的。宏观经济的周期性波动、外部突发事件、金融市场不完善和金融机构的内生脆弱性都是造成系统性金融风险的原因。由于金融问题的全局性，其实学术界很早就开始讨论金融体系的系统性风险，甚至用"太阳黑子运动对金融体系"的影响来做表述。在2008年国际金融危机之后，很多国家开始反思既有的宏观金融监管框架，进行了一系列的改革，不同程度地加强了政府在管制资本市场尤其是证券市场领域的权力，并开始采取逆周期调节手段，在证券市场就开始采用股市过热时加息、增加IPO供给等，股市暴跌时注入流动性、降息、减少股票供给等措施。而这些措施，中国的监管部门一直在使用，并且受到一定程度的批评。舆论一般都是希望中国的监管应该偏向微观放松和更加市场化，例如一直呼吁股票市场的IPO应该从核准制转变为注册制。我们确实也在这方面做了不少改进，注册制已经开始在上交所科创板和深交所创业板开始实行，并且取得了不错的效果。由此看来，各国的监管理念有趋同的态势，都在朝着宏观的逆周期调控和微观的市场化监管方式演变，当然在具体做法上各国还是有很大差别的。

在这种趋同演变的过程中，我们需要理解为什么中国一直在用逆周期调节手段，其背后的逻辑是什么？我们尤其要搞明白中国金融体系的本质，从而理解我们的监管包括逆周期调节手段会对金融稳定有什么样的影响。同时我们也需要理解金融体系市场化的过程会对中国的金融稳定产生什么样的影响？实际上2015年的股市动荡与以市场化的名义放松金融监管是有很大关系的。总之，在学习和理解各国经验的基础上，在考察各国监管变化发展的趋势上，我们要找出适合中国国情的金融稳定发展之路。在第一章，我讨论了所有金融问题都带有全局性的特点，这主要是由于资金的快速流动和资本市场的纽带作用所造成的。在第二章，我论述了中国自1978年开始的经济改革开放是一种渐进性的改革并且具有很强的局部性特点。在第四章，我论述了中国金融体系的主要矛盾是金融问题的全局性与我国渐进性改革的局部性之间的矛盾。这个矛盾在过去、现在和将来都是我们金融体系的主要矛盾，贯穿于整个中国特色社会主义市场经济建设过程之中。理解这个金融体系的主要矛盾对我们维护中国金融稳定和做好金融供给侧结构性改革都是必要的。中国金融稳定一直是我关注和研究的问题，我的中国金融稳定分析框架是建立在现代金融学基本原理以及中国金融体系主要矛盾的分析以及中国渐进性改革的实践上的。

在第五章我们试图去读懂历史上发生过的大萧条和2008年国际金融危机，我们也试图去理解大萧条以后发展起来的金融中介机构理论，试图理解金融机构的作用，理解金融危机的机理，以及如何防范金融危机和阻断金融危机演变成大萧条的理论和措施。市场经济的核心是金融体系，而金融体系是极其脆弱的。防范金融危机和阻断金融危机演变成大萧条是市场经济面临的巨大挑战。对金融危机的研究则是金融研究的皇冠，金融危机的复杂性和重要性在大萧条和2008年国际金融危机中得到充分体现。2008年国际金融危机爆发后，金融稳定更是成为最近国际学术界提出的金融政策"三元悖论"中的一元。IMF首席经济学家Obstfeld，也是我在沃顿商学院读书时的一位教授，在2014年提出了金融政策的"三元悖论"，即金融稳定、独立的国内金融政策、金融体系的全球化，这三者是不相容的。金融政策的"三元悖论"揭示了金融稳定对一个国家的金融开放以及国内金融政策的巨大影响。金融稳定是我们国家三大攻关项目之首，独立的稳健的金融政策是我们这个全球第二大经济体必须坚持的，全方位的对外金融开放正在进行之中，这三者的平衡是极具挑战的。

中国在20世纪80年代开始组建商业银行至今，已经建立了一个基本完整的金融体系。虽然成绩巨大，但是还有很多问题一直得不到很好的解决，例如，中小企业多但融资难；民间资本多但投资难；民营企业的融资成本居高不下；一线城市的房地产价格多年持续较快地上涨；最近几年局部的较大的金融波动时有发生，例如，2013年的钱荒，2015年的股市动荡，2016年的债务"漩涡"，2018年的P2P机构集中出问题以及大量比较好的民营企业陷入财务危机，2019年我国中小银行经历了一次全行业的危机，不少中小银行面临生存危机。一些需要回答的基本问题应该是：中国推行了40年改革在很多方面取得了重大进展，为什么在金融发展方面在取得进展的同时却问题频发？我们是否真正理解什么是中国金融改革发展的主要矛盾，什么是中国金融体系的根本问题，什么是中国金融不稳定的根源？为什么中国监管部门推动的金融创新和金融监管到头来常常加剧了中国金融体系的不稳定？国际上对于金融稳定的考虑，一般来说主要是宏观审慎的监管理念以及微观层面上的巴塞尔资本协议资本要求，但是对于中国还有什么重要的和独特的问题是需要考虑的？什么是中国金融稳定分析框架？在前几章我们一直强调中国是一个新兴加转轨的经济体并采用了渐进性改革的方式，这是中国经济最主要的基本面和最重要的特点，而这些特征又该如何体现在中国金融稳定的理论和实践之中？

第五次全国金融工作会议决定设立国务院金融稳定发展委员会，强调了金融稳定发展的重要性。在第五次全国金融工作会议上，习近平总书记强调，"做好新形势下金融工作，要坚持党中央对金融工作集中统一领导，确保金融改革发展正确方向，确保国家金融安全"。大家对于金融稳定的理解，要回归金融专业和中国的特殊国情。由于中国采取了渐进性的改革策略，从而导致渐进性改革的结构性套利机会，而这又和定价体系缺失等同。渐进性改革是中国金融体系特殊性的集中体现，而金融学基本原理，联系套利机会和定价体系的原理，则是理解金融问题的根本武器，渐进性改革和金融学基本原理则是理解中国金融体系问题的两大根本。在这一章我们会阐述中国金融体系在本质上是一个不稳定的系统，中国金融稳定发展面临的是对一个不稳定系统的稳定性控制问题。但是具体怎么做稳定性控制，什么是最优控制策略，都是非常复杂的问题，需要认真思考。除了把金融监管纳入逆周期的宏观审慎管理框架，我们还必须要把抑制渐进性改革的结构性套利机会作为宏观审慎的重要措施，这是我们特殊国情所决定的，当然具体如何做需要做大量的研究。渐进性改革的结构性套利机会是由渐进性改革所导致的，因此我们无法把这些套利机会都清除掉，但是我们必须采取手段去抑制。有效地抑制渐进性改革的结构性套利机会，也是维护中国金融稳定，防止系统性金融风险，金融为实体经济服务的关键。依据我们的分析，抑制渐进性改革的结构性套利机会需要依赖金融体系外部的力量，我们认为最主要的就是要加强党对金融工作的领导，这是中国金融稳定发展所必需的。

中国的金融体系主要是在政府的推动下发展起来的，政府对我们的金融体系也是百般呵护，同时对金融体系也是在不断地进行干预。由于历史原因，我们的监管部门，除了承担监管职责还承担了推动和规划金融体系发展的责任。承担双重的责任确实是很难的，而且两者之间时有冲突。中国金融体系发展的历程经历了很多波折。中国金融监管部门也在不断地干预资本市场和救助金融机构。在过去的40年里，在中国这个新兴加转轨的经济体系里，并没有发生真正意义上的金融危机，这也许是政府干预的成果。但是我们更需要理解这种频繁干预的逻辑及其对中国金融体系发展的影响。在这一章，我们首先要讨论，国际上如何界定金融危机，在什么样的情况下政府应该出手去干预。我们然后探讨中国政府救市和救助金融机构的基本逻辑，专注中国的特殊性。中国在处置问题金融机构中积累了大量的经验，是值得认真研究和讨论的。我们也会把2015年的股市动荡作为一个案例来讨论。在这些基础上，我们会得出本章的主要结论，中国金融体系本质上是一个不稳定的体系，我们的金融稳定事实上是在一个不稳定的体系上做稳定性控制，这是一个非常困难的工作。

◎ 如何界定金融危机

什么是金融危机以及政府是否应该救助问题金融机构的困境？金融危机是市场经济的必然产物，金融危机在新兴市场经济中常有发生，例如1997年的亚洲金融危机。金融危机在发达市场经济中也常有发生，例如1930年的大萧条以及2007年的恐慌。无论是在发达的市场经济还是在新兴市场经济，政府监管部门都动用了各种手段对有问题的金融机构进行救助，对流动性出现较大问题的市场进行干预。有关金融危机研究的文献浩如烟海，我们这里主要参考的是Gorton（2012），"*Misunderstanding Financial Crises*"。

如何界定金融危机？在一篇题为"真实的和虚假的金融危机"的文章里，Schwartz指出："资产价格的下降，包括股票、房地产、大宗商品；货币贬值；机构的财务困境，包括大型实体经济企业、地方政府、金融行业、主权发债单位等，都可能只是虚假的金融危机。"也就是说，即便一些很糟糕的情况发生了，所谓的资产泡沫破裂、大量财富流失，也不一定可以被认为是发生了真正的金融危机。美国1987年的股价暴跌没有被认为是金融危机，其实连暴跌的原因也有各种说法，但是美联储采取了各种措施维护金融稳定，当然也可能是美联储的干预避免了金融危机。一般来讲，金融危机指的是整个金融体系崩溃的危机。理解这个问题是重要的，尤其是对政策制定者。这涉及当某个金融机构出现严重问题时，或者某个金融板块出现巨大波动时，政府是否需要采取果断措施进行救助或者救市。当一个重要的金融机构出现了严重问题，如果不去救助，就有可能触发金融危机，这就是所谓的骨牌效应，这时政府就必须去救助，否则后果难以想象。雷曼兄弟由于没有及时得到政府的救助，于2008年9月15日申请破产，引发了连美联储主席伯南克都没有充分预料到的金融机构对整个短期金融市场的挤兑，迫使政府展开对AIG以及其他机构的紧急救助。2008年国际金融危机，其本质不是人们所熟悉的银行存款者对银行的挤兑，而是金融机构对以短期金融市场为代表的"影子银行"的挤兑，这是一种新的且不为人们所熟悉的挤兑。美国

1984年对伊利诺伊银行与信托公司的救助曾经引发了不少争论。美国政府认为此举是为了防范潜在的金融危机，因为当时正处在拉美债务危机之中，伊利诺伊银行与信托公司的资金来源有不少是来自境外。但是也有人认为当时并没有潜在的金融危机，这种救助创造了一个新型的银行，一个叫作"大而不能倒"的银行，从而加剧金融机构的道德风险。这里所谓道德风险就是，由于有政府兜底，银行就会从事风险很高的投资，因为赢了是银行股东或者银行从业者的，输了则由政府/纳税人承担。另外银行的存款者也没有意愿去关注银行的风险情况，这主要是由于"搭便车"的原因，因此单个存款人的存款金额相对于整个银行存款是很小的一部分，而对银行的有效监视往往要承担很高的成本。区分真实和虚假的金融危机是重要但又是很不容易的，尤其是金融体系的脆弱性会使得看似虚假的危机有可能变成真实的危机。

对于政府是否应该救助有问题的金融机构，具有重要指导意义的Livingston教义指出：只有在金融危机即将爆发时政府才应该同时对很多金融机构展开救助。这当然是考虑危机的产生是由于恐慌，从而导致对银行/影子银行的挤兑。恐慌的触发机制是复杂的，也很难讲清楚，因此在很大程度上也可以理解为是随机的。也就是说，金融危机不可预测，在这种情况下的救助并不会引发道德风险问题。由于金融危机的发生是随机的，是不可预测的，金融机构很难将其投资收益的时段和金融危机发生的时段很精准地对应起来，从而实现所谓赢了是我的输了是别人的结果。但是在实践中，也正是由于金融危机的不可预测性及其复杂性，当一个金融机构出问题时，政府总是面临一个是否救助的两难决策。另外当政府对一个有问题的金融机构救助后，金融危机并没有发生，人们还是会为政府该不该救助而争吵，其实政府的救助行为可能已经防止了一次金融危机，但是这无论在事前和事后都是很难确定的。值得注意的是，以上讨论说明能够避免金融危机的政府救助是不会引发金融机构的道德风险的，但是不恰当的救助是会引发道德风险的。在道理上，研发金融危机发生和防范的模型很重要，尤其是在目前全球经济在向数字经济的转移过程中，但是从本质上讲，对由于恐慌导致的金融危机，这又是很难做到的。

◎ 中国政府救市和救助金融机构的逻辑探讨

由于中国金融体系是在过去30多年的渐进性改革的框架下逐步形成，和发达国家的金融体系有着很多不同之处，我这几年对这个问题做了一些专门的研究。在这里我们试图理解中国金融监管部门救助的逻辑及其后果。总的来讲，中国金融监管部门经常性地干预是由于中国金融系统定价体系的紊乱，而频繁地干预又可能加剧了这种紊乱，从而导致更加频繁地干预。在不断的干预过程中，干预之手总有颤抖的时候，有时也难免出错。

至于中国会不会发生金融危机，金融危机离中国到底有多远，这也是学生们常常问我的一些问题。现在确实有一些人对在中国发生金融危机表示担心。有一种说法是美国2008年国际金融危机本质上是一种债务危机，目前中国的主权债务和企业债务都相当高，地方政府债务也相当复杂，中国如果不能成功去杠杆就有可能引发金融危机。历史数据表明，较高的债务和金融危机有一定的相关性，但是并无因果关系。美国2008年国际金融危机的爆发源于机构投资者对影子银行的挤兑。高杠杆可能造成破产，破产对于实体经济的危害取决于破产成本，这和破产的处置方式以及资产的形态等很多因素相关。一般来讲，影子银行使用杠杆确实也是比普通商业银行使用得多。中国在处置有问题的机构方面已经积累了大量的经验，有着强大的处置坏账的能力，例如1998~2005年对整个银行业、2003~2005年对整个证券行业的处置，以及对信托业的处置都取得了巨大的成功。

我们在第五章提到了金融危机产生的两个根本原因：银行的资产和负债的期限错配和恐慌导致对银行或者影子银行的挤兑在中国这个环境下又如何理解？首先，期限错配是金融体系的脆弱性所在，当然这也是中国金融体系的特点。其次中国政府可以影响大量经济资源的配置，政府和企业以及个人有着密切的甚至可以说是绑在一起的关系，因此产生全面恐慌的可能性是比较低的。即使在2015年的股市动荡中，恐慌也仅仅局限在股市中，银行间市场的短期利率和其他金融指标保持基本稳定。银行业是中国金融体系的主体，大部分的银行资产又属于中国工商银行、中国建设银行、中国银行和中国农业银行四家大型商业银行，存款者有足够的安全感，这种安全感是依靠强大的隐性存款保险和显性存款保险制度。总的来讲，在过去40年中国没有发生金融危机，在近期中国爆发金融危机的可能性也不大，那么为什么中国政府还在不断地救市和救助金融机构呢?

在第四章,我们指出由于我国采用渐进性改革策略,每一步改革之间的非完美契合,从而造成了不少套利机会。金融学基本原理告诉我们,存在资产定价体系的充分必要条件是不存在套利机会。正是由于这些套利机会,使得我们的市场定价机制不健全,从而产生了上述种种问题。中国金融体系目前最大的问题就是定价体系紊乱。例如很多信托项目曾经可以有10%的收益,由于事实上的刚性兑付,这个收益基本上是无风险的,既远高于银行的存款利率,也高于有着很高波动率的中国股票市场的长期收益。这些都表明风险定价机制基本缺失,严重影响了中国金融系统的稳定发展,并成为中国金融系统大幅波动的主要原因。不少长期存在的套利机会,自然会加大金融体系的杠杆,并且使得各类不在监管视线内的"影子银行"迅速扩大,从而增加金融体系的波动性。同时也使得金融监管部门进退两难,干预或者不干预都不是。

暴涨暴跌在中国股市是经常发生的,也是一个可以理解的现象。例如,在2005~2015年长达10年的时间内,在中国信托产品的无风险收益能够达到10%,而发达国家的股市平均回报率一般都不会超过10%,那么投资者在中国的股市投资策略必然是轮番操作和快进快出,从而导致股票市场暴涨暴跌。而中国金融监管部门为了把中国这个新兴的资本市场迅速改造成一个成熟的市场,也在不断地进行干预,希望通过干预造就一个"慢牛市",使得股市能够发挥政府希望发挥的作用,包括为经济结构转型提供融资、使得国有资产保值增值、填补社保资金缺口等。但是在巨大且长期存在的渐进性改革结构性套利机会面前，政府干预的努力常常收效甚微，其美好的愿望也往往落空。中国股市成立至今已经有30年的历史，但是股价运行的基本特性几乎没有变化。

主流金融学术界的出发点是所谓金融体系的无套利准则，这是无法分析中国的现实问题的，也无法解释中国的很多现象。2013年6月中国货币市场出现了罕见的一幕：银行"求钱若渴"，央行不为所动；银行间回购利率全线飙升，6月20日隔夜及7天银行间回购利率分别创下历史新高；而交易所资金利率更是疯狂，隔夜资金利率一度高达30%的天价，紧张程度超过2008年国际金融危机。在中国银行业"钱荒"蔓延消息的影响下，6月24日沪深股指呈现危机式暴跌，沪指放量失守2000点，跌幅高达5.3%，近160只股票跌停。对于资本流出造成流动性短缺，通常央行可以通过公开市场操作来缓解钱荒，而此前在大多数情形下，央行也确实是如此操作的。这次央行面对银行资金面紧缺不仅没有出手，反而分别于18日、20日两度发行20亿元央票回笼资金。央行意在防范金融风险和引导资金进入实体经济，毕竟影子银行发展过快，银行大量资金从表内转移出表外，加大了银行系统性风险。而这又恰恰使我们至少有两个无风险利率，一个是比较低的银行存款利率，另一个是较高的影子银行利率（由于刚性兑付，事实上也是无风险）的，这显然是一个绝佳的资金套利机会。在我们这里，由于存在套利机会，央行的货币政策是很难奏效的，大量的资金在金融机构和金融市场空转，很难进入实体经济。所以央行也难，总是希望有一点资金能进入实体经济，而大量的资金就跑去各种蓄水池，什么楼市、股市、理财产品池，都可以成为大量资金的蓄水池，只要不进入计算通货膨胀的篮子里就行。

◎ 中国政府成功化解金融机构风险的实践

　　以下对中国在这些方面的工作做一个简单的介绍。1997年中央召开第一次全国金融工作会议，决定国家以2700亿元（当年GDP的4%，外汇储备的25%）的特种国债补充四大国有商业银行的资本金。具体的工作分两个步骤：第一步，人民银行将商业银行的存款准备金率从13%降到8%，用由此释放出来的2700亿元准备金购买特别国债。第二步，财政部把这2700亿元贷给银行用来补充银行的资本金。1999年国家对应四大国有商业银行都建立了资产管理公司。财政部通过债券发行为每个资产公司提供100亿元人民币的资本金。资产管理公司向商业银行发行8200亿元债券（中央财政担保），加上人民银行的5739亿元再贷款用来购买银行坏账。单纯从财务上看，400亿元的资本金和巨额债权是否隐含了资产管理公司具有很高的杠杆？另外，资产管理公司处理坏账的恢复率大约是20%，为什么如此之低，特别是那些年的土地价格升值是如何体现的？如何评估资产管理公司的价值？对这些问题的回答似乎是比较困难的。2002年中央召开第二次全国金融工作会议，启动中国银行业全面改革。这是为了化解我国商业银行体系风险而必需的，也是为了应对中国加入WTO后可能遇到的挑战而必需的。

在具体做法上，首先是启动中银（香港）上市，使其成为中国银行业改革的先行者。中银（香港）是一家实力雄厚，具有较高声誉的银行，那时刚刚经历了大规模的购并和重组。中银（香港）在内地的发展由于其母公司中国银行而受限，中国银行并不希望中银（香港）成为其竞争对手，作为中国银行的分支机构，中银（香港）的业务集中于香港，较少在中国内地和海外发展。中银（香港）的主要竞争对手或同类银行为恒生银行、东亚银行等。中银（香港）上市的推动力量主要来自政治因素、中国银行的经营战略，以及中银（香港）的管理需要，而并非出于中银（香港）的财务考虑。首先是加入世界贸易组织中国金融市场开放的需要，管理部门认为将银行的部分国有控股民营化，有利于银行系统更好地引入市场机制和先进的管理方法，增强中国银行业的国际竞争能力。用中银（香港）作为试点，其成败对内地银行业的影响较小，如果成功其经验将会被推广到内地其他金融机构。鉴于国内金融市场的开放过程在加入世界贸易组织后有一个五年过渡期，中银（香港）的上市发行具有一定的紧迫性。在2001年1月中银（香港）的上市发行仍然存在不少问题。首先，中银（香港）刚刚进行了大规模的并购和重组，且尚未呈交首次财务审计报告，因而存在较大的不确定性。财务审计报告也只能部分消除并购的不确定性，其最终的损益情况一般要在兼并收购完成一年后才有可能真正显示出来。其次，中国银行在那时出现王雪冰事件。虽然中银（香港）是一家独立的银行，但是市场很难区别中国银行和中银（香港）。最后，中银（香港）对IPO融到的资金或获得的流动性并不特别需要，在当时中银（香港）的资本充足率为14.7%，高出香港金管局的最高标准2.7个百分点，高出巴塞尔协议要求6.7个百分点，而且中银（香港）流动性充足，不需要额外的资金支持。所有的财务因素指向中银（香港）IPO应该推迟，但是政治因素和一些管理战略方面的因素则倾向于IPO的尽快进行。中银（香港）最后决定在其审计年报公布后就进行IPO。2002年1月由于受到安然事件的影响，中银（香港）向香港金管局提出申请，更换审计机构，并将年度财务审计报告的公布日期推迟到2002年6月。审计后的财务报告于2002年6月25日上交到香港金管局，同时，以高盛为代表向香港证券和期货交易委员会提出IPO申请。中银（香港）的IPO只包括存量发售的股份，包含25%的中国银行持有的股权。2002年7月中银（香港）正式上市。

紧接着，2003年底，政府首先选择中国银行、中国建设银行进行股份制改革试点。在那个时候，四大国有商业银行的不良贷款率达20.4%，股份制商业银行平均不良贷款率为7.7%，城市商业银行为15.0%。2003年底，工商银行的资本充足率为5.52%；农业银行的资本充足率估计为4%。中国四大国有商业银行面临的问题比中银（香港）要严峻很多。对中国银行、中国建设银行进行股份制改革试点大体分为三个步骤：财务重组、公司治理改革、资本市场上市。其中财务重组也分为三个步骤：一是核销，将两家银行原有的所有者权益、准备金和2003年利润全部转为风险准备，用于核销资产损失，即2003年年终决算之前，尽量处置已经明确的损失类贷款、部分可疑类贷款和财政部、人民银行、银监会确认的非信贷类损失；二是剥离，未核销部分在2004年上半年进一步处理，把中行和建行1498亿元和1289亿元可疑类贷款按市场方式出售给资产管理公司；三是注资，中央汇金投资公司分别向中行和建行注资225亿美元（折合人民币各1862亿元），专门用于提高资本充足率。国有银行用原资本金、利润、税收减免核销损失类贷款，并用外汇储备补充因核销而下降的资本金。建设银行和中国银行分别于2005年和2006年在香港上市。其后工商银行和农业银行也经历了类似的风险化解和上市过程。

在化解商业银行风险的同时，2005年上半年，管理层明确了在两年内化解证券公司风险的基本目标。执行了"分类监管、扶优汰劣"的监管政策，高危券商处置和证券行业并购整合拉开大幕。这是由于当时证券行业处于历史低谷，生存和信用危机空前严峻。证券行业的问题可以简单地认为起始于2001年，由于国务院出台了国有股减持的政策，股指大幅下滑，证券公司开始出现亏损。记得政策出台不久，国务院发展研究中心会同证监会召开了一次小型会议，主要是研究如何应付股指下滑的问题，我代表深圳证券交易所参加了会议并且发言，我当时的建议就是搁置国有股减持的政策。其理由就是金融市场太复杂，我们对很多市场上的相关关系是不理解的，既然问题出现了，又暂时找不到解决问题的办法，还不如就把产生问题的直接原因去掉。我举了一个例子，1989年1月1日，瑞典政府征收债券及其衍生产品的交易税，税率很低，不超过1.5‰，但其结果是一周之内债券交易量下降85%，相应衍生品交易量几乎为零。后来不得已，瑞典政府取消了这个政策，交易量马上就恢复了。这个例子在学术界引发了很多讨论。当然，我的提议很粗糙，是不可能被接受的。一年后，2002年夏天国有股减持政策被叫停。2002年，证券公司各项业务进入萎缩阶段，当年全行业陷入亏损37亿元，此后的2003年，证券公司业绩依旧没有起色。截至2004年底，114家证券公司仅实现营业收入169.44亿元，利润总额–103.64亿元，中国证券行业连续三年整体亏损。随着管理层加大对证券公司挪用保证金、国债回购等问题查处及对投资业务清理规范力度，证券业问题开始全面暴露，63家证券公司被确定为是有严重问题的。

证监会于2004年对证券公司的监管由过去的一视同仁转变为"分类监管、扶优汰劣"。证监会把证券公司分为创新类、规范类和问题类证券公司。截至2007年8月31日，确定29家创新类试点证券公司，31家规范类证券公司。证券行业逐步建立了客观的评价指标体系，着重从资产质量、业务风险、治理结构、内控建设、合规经营、创新能力等方面对证券公司进行评价。建立了证券公司信息披露机制，规范了信息披露的内容、时间和渠道，提高了整个证券行业的公开透明度。那时对高危证券公司的处置大体采用三种方式：外资进入模式，例如瑞银收购北证和高盛高华设立；"市场+政府"重组模式，例如华夏证券重组；中央汇金注资、行政接管模式，例如南方证券、银河证券、国泰君安、申银万国。在外资进入模式中，比较有特点的是高盛进入中国的三部曲：捐赠5.1亿元"买门票"，为海南证券解决历史包袱；设立高华证券，一个100%中资公司；与高华证券合资组建高盛高华证券。在这个过程中，高盛为方风雷团队提供8亿元商业贷款，联想投入2.72亿元，这两家在2004年10月发起设立高华证券，注册成立为综合类证券公司。紧接着高盛和高华发起设立高盛高华证券，该公司仅从事投资银行业务。高盛通过这些布局成为首家绝对控股中国内地的合资证券公司的海外投行。华夏证券重组采用了"市场+政府"的重组模式，市场参与方是中信证券，政府方是通过由中央汇金100%控股的建银投资参与，双方共同参与华夏证券重组，最终设立了中信建投证券公司。在中央汇金注资、行政接管模式的案例中，值得一提的是南方证券。南方证券出问题后，被证监会和深圳市政府组成的接管小组行政接管，随后由中央汇金公司通过建银投资设立中投证券公司并且购买了被行政接管的南方证券的主要资产。中投证券的资金来源主要是央行再贷款，大概有100亿元。当时建银投资的主要负责人曾经是我在证监会时的一位领导，我有幸成为中投证券公司第一届董事会的独立董事，并且当了13年之久。

2007年7月，中国证监会下发了《证券公司分类监管工作指引（试行）》和相关通知。证券公司监管由"特殊时期"转入"常规监管期"，新《指引》明确建立以净资本为核心的监管框架和监管思路。区别于创新类、规范类分类方法，新的分类规则以风险管理能力为基础，结合其市场影响力将证券公司分成A、B、C、D、E 5大类11个级别。这一次的证券行业风险化解是相当成功的，使得中国的证券公司顶住了2008年国际金融危机以及中国2015年的股市动荡。2015年的股市动荡是对我国证券公司的一次大考。

2015年6月15日，上证指数从5170点高位大跌103点。从6月15日~8月26日，共计52个交易日，其中21个交易日指数大幅下跌或暴跌，有17次千股跌停。2015年6月1日，沪深两市的总市值为71.16万亿元。而到了9月22日，两市总市值缩水到46.88万亿元。在这一波巨大的冲击中，中国的证券公司基本上都顶住了巨大压力。值得一提的是，中国证券行业的龙头老大中信证券，其对标的机构是国际顶级投行高盛。在2015年的股市动荡中，由于一些复杂的原因，中信证券管理层受到很大的冲击，8名执委会成员受到牵连，其中，中信证券总经理离职而且被审查了3年半。2015年成立了新一届董事会和监事会，我也被推荐当选为中信证券新一届董事会的独立董事。值得庆幸的是，在事后的审查中并没有发现公司有任何问题，也就是说中信证券的治理体系是很完善的。在新董事长的领导下，公司整体业务继续保持行业领先，中信证券保持了在中国证券业行业龙头的地位。2005年至2007年对整个证券行业的整顿工作确实是有成效的，使得整个证券行业有能力顶住市场的大幅波动。

◎ 中国 2015 年的股市动荡

中国股票市场从建立开始，就一直处在大涨大跌的循环之中。最近的两次记忆犹新。一次是由于股权分置改革的启动，2005年6月上证指数从998点起步，经过28个月的上涨，2007年10月达到6124点，正在大家谈论10000点的目标时，股指开始下跌，随后经过长达12个月的连续调整，上证指数最低下探到1664.93点后步入反弹，反弹到2009年的3478点受阻再度回落，整个调整跨度长达7年，这里当然也有2008年国际金融危机的影响；第二次是从2013年初开始到2015年7月底，中国股市出现了一轮暴涨暴跌的行情。2015年的股市动荡，完整地讲述了中国股灾如何爆发，政府又如何救市的过程，是我们要在很长的时间里引以为戒的。在这一节里，我们会比较详细地描述2015年的股市动荡，我们在不少地方参考了深交所的一份研究报告。这一轮暴涨暴跌的情况比较复杂，股市的暴涨暴跌幅度是世界股市罕见的，中国股民不仅尝遍了坐着过山车"上上下下"的滋味，也经历了历史上少见的股市大波动。那么中国股市究竟怎么了？为什么会在短期波动得如此剧烈？

政府对股市推动经济发展寄托了很高的希望。在股市建立初期是希望股市能够帮助解决国有企业脱困，在经济结构转型期间希望股市在推动高科技企业发展，通过兼并收购增加产业的竞争力，通过股价的涨幅能够得到有利的换股条件获取境外的先进技术。政府同时也希望股市能够成为一个资金的蓄水池，在货币大量发行的情况下，让一部分货币进入实体经济，其余的进入蓄水池，防止通胀。2007年次级贷款危机以来，各国经济疲软，中国也有大量企业尤其是外向型企业进入突然的休克状态，中国为了应对危机出台了一个4万亿元人民币的经济救助计划，对全球经济恢复也发挥了重要作用，同时也保证了中国经济原有的高增长率。但是这些刺激政策的代价是造成房价高涨、产能过剩、高库存、高成本、高杠杆。同时使得银行贷款规模剧增，原有的资本错配问题进一步加剧。为了解决这些问题，政府实行了各种改革，包括盘活存量、推动利率市场化、互联网金融创新、全民创业等。种种措施的核心考虑是：金融的市场化能解决资本错配，从而金融能够扶持中小企业，进而完成产业升级。因此减少间接融资和增加直接融资就成为一个重要的政策选项。这里涉及的核心问题就是金融的市场化和其他领域的市场化有何差别，金融的市场化到底应该怎么推进？

中国的股市每次暴涨暴跌的原因是多个因素推动的：包括货币宽松，银行资金较大规模进入股市，政策事件频发持续催生市场热点，官方媒体报道对股市上涨的鼓励，融资交易快速增加形成全新的杠杆，并购重组的市场化改革等。这里既有政府的推动，也有通过放松金融监管后的资金和商业模式的推动。有人将2015年一轮市归结为包括金融改革在内的"改革牛"，也有人将之归结为实体经济下行、货币宽松预期下的"资金牛"，更有人直接将之归结为"国家牛"，强调做大做强牛市是一种"国家战略"。而这种"国家牛"的战略更是得到了一系列旁证：在本轮股指飙涨过程中，每一次市场调整，立即得到一些部门和国家媒体的力挺，一些金融部门高层直言"股市繁荣可以反哺实体经济"，一些国家级媒体言之凿凿"4000点之后牛市才刚启动"。这种暗示和明示的结果是资金大量进入股市，引发暴涨暴跌。可以说，"国家牛"的政治导向、窗口指导等，是本轮市场异常波动的成因之一。除此之外，和过去暴涨暴跌情况相比，这一次股市动荡也有一些新的特点，主要是由于放松金融监管后由所谓的金融创新造成的。

　　首先是资金杠杆发挥了巨大作用，不仅有场内融资融券，还有场外配资参与。对于监管层而言，其本意是希望通过给股市加杠杆，能够提高资本市场的活力。但是资金杠杆的滥用把股市从之前的2000多点一下推升到了2015年6月中旬的5178点。当监管层发现股市存在着较大泡沫后，就开始着手去杠杆，股市便从5178点一下跌到了2850点。监管层在加杠杆时必要的监管没跟上，甚至还默认场外融资这种高杠杆形式的存在，而在去杠杆时，又去得过快。政府干预市场过度，使股市波动被人为地加大。在2013年前的中国股市发展中，市场交易没有大规模加杠杆的经验。2014年以来，随着各种形式"借钱炒股"空前活跃，整个市场的杠杆水平不断提高，局部甚至出现了高达1∶10的杠杆。主要的杠杆渠道是：融资融券标的范围扩大，使得券商融资渠道拓宽，融资余额快速上升；伞形信托、互联网金融、融资、P2P等新方式在放松金融监管推动下的金融创新发展过度。尤其值得关注的是，基于HOMS、铭创等分仓管理系统的场外配资模式蓬勃发展并游离于监管之外。场外配资与场内融资业务相比，基于分仓管理系统的场外配资具有以下三点特征：（1）只需要一张股东卡就可以服务多个客户；（2）可投资标的范围更大、更广泛、更灵活；（3）杠杆率更高。而场外配资的资金来源除了投资者本身外，还来自银行等金融机构。据证券业协会的数据统计，基于分仓管理系统的场外配资规模约为5000亿元，但实际规模可能达到数万亿元。

其次，本次市场异常波动中的跨市场交易特征十分明显。连续下跌扩大了市场的恐慌情绪，出现了一定程度的流动性枯竭。由于现货市场卖出困难，各类机构试图通过卖空股指期货进行套期保值，股指期货空头力量增强导致股指期货价格下跌，又通过期货和现货联动效应进一步加剧了现货市场的恐慌性抛售。在此过程中，可能有部分机构恶意做空，在并不持有现货头寸的情况下卖出期指获利。后期中金所对股指期货卖空进行了限制，机构无法继续进行套期保值，不得不卖出股票现货应对平仓和赎回压力，再次打压了现货市场。这些情况表明，资本市场上期货和现货市场的联动性已大为增强。这个特点在国际市场是很普通的，但是对我们而言确实是一种新的环境。如何界定恶意做空，在中国市场这个特定的环境下应该给予特殊的研究。这主要是由于渐进性改革的结构性套利机会以及资本市场定价体系的严重扭曲，而这些特点又是长期存在。在这种情况下，也许利用市场化方式套利不一定能够提供市场所需要的流动性，也起不到价值回归的作用，可能只会推波助澜，大幅增加市场波动。这个问题需要认真研究。

这一轮中国股市的暴涨暴跌在大约两年半时间内清晰呈现出三个演变阶段。第一个阶段大体是2013年初至2014年11月21日。创业板牛市从2013年初就率先开启，产业结构升级是创业板牛市出现的关键原因；2014年上半年房地产调控政策的放松、无风险利率的下行、对新一轮改革预期的升温以及诸多稳增长举措开始孕育深沪市场的全面牛市。其间创业板指大涨110.80%，中小板指升幅为28.17%；而深证成指下跌8.60%，上证综指上涨9.59%，走势显著弱于创业板。深市三大板块的估值差异逐步扩大：其间创业板、中小板、主板的平均市盈率水平分别由32倍上升到70倍，25倍升至42倍，18倍上升至22倍。创业板估值的大幅提升体现了投资者在经济转型的大背景下对于新兴行业高成长性的认可。在产业结构转型的宏观经济背景下，促进新兴行业发展的政策支持是自2013年初以来创业板大幅上涨的关键原因。

第二个阶段大体是2014年11月24日至2015年6月12日。其间宏观政策最大的变化是货币政策趋于宽松，稳增长力度和对新兴产业的政策支持力度都在逐步加大。本阶段市场整体大幅上涨，两市主要指数连续上涨，A股涨幅全球领先。其间中小板指、创业板涨幅居前，分别上涨121.12%和159.15%，深证综指上涨130.96%，深证成指上涨117.21%；上证综指上涨107.75%。同期道琼斯工业指数仅上涨0.50%，纳斯达克综合指数上涨7.17%，法国CAC40和德国DAX分别上涨12.14%和15.04%。

第三个阶段大体是2015年6月15日至7月底。核心指数大幅下跌均超过30%，深证成指、中小板指、创业板指和上证综指若按期间低点的7月8日收盘计算，上述指数的跌幅分别是38.99%、38.09%、39.38%和32.11%；上市公司市值大幅减少（深市7月底总市值为20.48万亿元）；市场估值水平显著回落，其中创业板平均市盈率由143倍回落至93倍。可划分为两个阶段：6月15日至7月3日的大盘暴跌阶段和7月6日至7月底的证金公司救市阶段。去杠杆是导致大盘急速下跌的直接原因；暴跌过程中去杠杆导致行情失控、踩踏效应和流动性枯竭，股市风险的扩散加剧了多重风险的蔓延；央行定向降准与降息等救市政策在行情失控后出台但未能遏制恐慌。证金公司救市被认为是一系列救市政策无效之后的无奈和正确的选择，四周救市投入深市资金4731亿元，基本达到了救市目的。7月6日第一周的巨资救市实际上基本成功，证金公司合计买入深市3354亿元；7月8日最关键，买入金额2316亿元（占当日深市成交金额的55%），改变之前主要买沪市指标股的救市思路而主要买深市新兴行业股票；证金公司救市的第二周（7月13日）和第四周（7月27日）证监会再大张旗鼓查场外配资导致了股票两次大面积跌停，7月27日上证综指当日下跌8.5%（创8年来最大跌幅）；证金公司因此又两次分别救市投入资金276亿元（16日和17日证金公司分别买入255亿元和21亿元）和1101亿元（28日、29日和31日分别买入631亿元、175亿元和295亿元）；证金公司7月救市合计投入深市资金达4731亿元。由于证金公司董事长聂庆平先生是我的一位老朋友，他当时作为国家救火队的队长，名声大振。一家境外媒体不知如何知道了我和老聂很熟，专门约我做了一个有关证金公司救市的访谈，我对老聂大加赞赏。

2013年至2015年这一轮中国股市的暴涨暴跌中，政府干预无论是基于推动金融改革和发展的目的还是基于稳定资产价格的目的都不可避免地陷入某种困境。因为这些干预行为从本质上讲都是可以预测的，不少都形成了某种稳定的预期。即使监管部门有时刻意采取一些出其不意的措施，也改变不了这个可以被预测的基本情况。这会带来两个问题，首先是根据Livingston教义，这种可预测的干预会带来金融机构的道德风险问题。其次，这种可预测的干预会在中国造成更多的套利机会，从而使得本来已经波动率很高的市场更加波动，使得对风险已经不敏感的资产价格对风险更加不敏感。2015年6月15日至7月底这种情况发生多次。由于监管部门加大力度查处场外配资导致股市大跌，紧接着就是证金公司的大规模救市，而这种行为都是可以预测的。但是不少中小投资者由于缺乏经验和追涨杀跌的投资行为在这种股市连续的大幅波动中，损失惨重。

◎ 中国的金融体系在本质上是一个不稳定的体系

一个稳定的金融体系主要特征是有一个定价体系，这个定价体系充当锚定的作用。为了讲清楚这个问题我们首先讨论成熟市场，主要是美国金融体系的金融监管与创新的逻辑，这个逻辑是基于定价体系的存在和市场的有效性。在相当长的一段时间内，美国金融体系的监管者认为定价体系的存在和市场的有效性保证了金融体系的内在稳定性，从而有理由相信：金融资产价格基本正确，价格背离价值的时间不会很长，不存在金融创新过度的问题，市场有自我修复能力，不必过度监管市场，信息披露本身是金融监管的根本。因此鼓励金融创新，强调市场化，不必监管过度成为一种基本认识，当然这种认识也一直受很多质疑，尤其是在历次股票市场大跌，特别是在2008年国际金融危机发生之后。

渐进性改革带来的结构性套利机会和相应的金融资产定价缺

失是我们金融体系不稳定的根本原因。而所谓的市场有效性更无从谈起，这些都严重影响了中国金融系统的稳定发展。这些表明，中国的金融监管和创新的逻辑和成熟市场必然会有很大的而且是根本的不同，也就是说，我们是在一个不稳定的金融体系下开展金融监管和推动金融创新，从这个角度出发，我们有理由认为在中国的金融创新和监管具有以下特征：金融资产价格基本不正确，价格背离价值的时间会很长，金融创新过度是常态，市场基本没有自我修复能力，通常意义上的"过度监管"是常态，光靠信息披露作为金融监管的根本是不够的。因此强调金融创新必须和实体经济相结合，谨慎推动金融创新；强调金融改革的相容性和金融新政策的可复制性，逐步完善整个金融体系的定价体系，防止已经不稳定的金融体系进一步不稳定应该是一个基本认识。在这个不稳定的基础上，很多改革开放或发展举措以及创新和监管行为都可能进一步加剧金融体系的不稳定。

理解我们的金融体系在本质上是一个不稳定的金融体系是重要的，这也是认识我们金融本质的一部分。我们在金融改革和发展的进程中大概有两个偏差。一个偏差是忽视金融行业的特殊性，把发展加工贸易、科技园区、城市发展的经验照搬过来，在全国很多地方建立各种金融中心、金融试验区、金融开发区。这种主要由地方政府推动的偏差会带来各种套利机会，从而进一步扭曲定价体系，加剧金融不稳定。另外一个偏差就是过度迷信金融教科书。金融教科书一般都是基于西方的市场经济环境和相对成熟的金融体系而写成，无套利准则是这些本本的主要前提。在这个前提下这些本本展开对各种金融定价模型的理论和实践的探索，开展对公司金融政策包括金融风险管理的讨论，开展对金融机构的作用和金融稳定的探讨。由于渐进性改革结构性套利机会存在于我们的经济体系，使得这些本本的大前提不复存在，由此导致的金融定价体系缺失，会影响到我们对很多问题的基本判断。例如我们常说要让资本市场给金融风险定价，投资者要风险自负，其实是很难自圆其说的。没有定价体系，谈什么风险定价又谈何风险自负。我们可能要重新评估我们的监管政策，因为很多政策都是基于本本和成熟市场的经验而设立，并不适用于我们的金融体系，例如在定价体系缺失的情况下是否要打破刚性兑付？等等。

◎ 中国金融稳定就是在一个不稳定的体系上做稳定性控制

任何金融体系都是脆弱的，一个不稳定的金融体系就更加脆弱了。在一个不稳定的体系上做稳定性控制必须非常谨慎，只能微调，千万不能搞运动式的创新或运动式的监管。我们要敬畏中国金融体系不稳定性的本质，敬畏在一个不稳定体系上做稳定性控制的复杂性和危险性。我们现在看到的很多金融乱象是这个不稳定体系的必然产物以及我们不适当的稳定性控制所加剧的结果。在过去20多年里，我们经历了很多次这样的循环：推动某些金融创新，大量问题出现，然后加强监管。通过这些循环，我们的金融体系不断地完善和壮大，金融产品在不断地增多，但是问题积累得也越来越多。而且每经历一次这样的循环所付出的成本也是相当高的。例如近几年大力推进的业务：互联网金融业务、基金子公司业务、银行资管、保险资管、信托业务、通道业务、融资融券、股指期货、量化交易等，目前都受到了不同程度的强势监管。由于长期存在的结构性套利机会，自然会加大金融体系的杠杆，并且使得各类不在监管视线内的"影子银行"迅速扩大，从而增加金融体系的波动性。由于定价体系紊乱，使得资产价格对风险不敏感，监管部门出于对新兴市场的呵护和对投资者的保护，股价高了也要干预，低了也要干预，好像希望股票也具有刚性兑付特性，这也是必需的。政府干预行为一般都是可以预测的，这种可预测的干预会造成更多的套利机会，从而引发更多的套利行为，从而使得本来已经波动率很高的市场更加波动，使得对风险已经不敏感的资产价格对风险更加不敏感。中国渐进性改革的结构性套利机会和定价体系的极度扭曲是一对孪生兄弟，导致金融创新偏向跨界和跨境的套利，导致投资者风险自负的原则失效，导致政府过度干预（监管），导致定价体系进一步扭曲，这种循环是中国金融体系不稳定的主要原因。在这个循环中，金融创新和金融监管都有可能进一步加剧金融的不稳定性。多次重复这种循环就有可能导致中国爆发金融危机，这也许就是中国最终爆发金融危机的一种模式。我们面临的挑战就是要研究如何走出这个循环，这包括渐进性改革步骤的相容性，金融如何与实体经济紧密结合。在金融和实体经济结合的讨论中，人们经常提到"两多两难"问题，即中小企业多，融资难；民间资本多，投资难。一般认为"两多两难"问题是由于金融体系的市场化程度不够高造成的。不少人对解决这个"两多两难"问题提出了很多市场化建议。其实定价体系缺失是所谓"两多两难"问题的主要原因，这个问题的解决单靠金融创新和市场化也是很难奏效的。

在过去的实体经济改革发展中，我们采取了市场化的道路并且取得了很好的成绩。中国的改革开放起步于农业，其发展主要是围绕着农村土地承包，从1978年安徽省凤阳县小岗人忍无可忍地冒着巨大危险的包产到户，一直到2019年11月26日，《中共中央 国务院关于保持土地承包关系稳定并长久不变的意见》公布，我国农业的发展取得了很大成就。区域发展一直是推动发展的一个重要举措。1979年，从党中央、国务院决定在深圳、珠海、厦门、汕头试办经济特区开始，区域经济发展逐步推广到全国各个地区，激发了地方政府推动市场化经济发展的积极性，进而推动了全国经济的高速发展。国企改革基本上也是按照市场化的原则逐步推进。改革的第一阶段是商品市场的放开和竞争，促使国企进行产权变革，从单一国有产权向产权多元化转变。在中国经济的转轨时期，企业转轨的选择是多元化的公司制，是包含国家、集体、法人、个人、外资在内的混合产权的企业。

但是金融业的情况和实体经济有着本质上的差别。我们每次金融创新都是以市场化名义推动的。余额宝被誉为是开创了互联网金融元年的产品，就是以利率市场化试水的名义推动的。余额宝创新的源头实际上是一种利差套利。我们银行的存款利率分为大额存款利率和小额存款利率，前者远高于后者。假设大额存款利率为6%，小额存款利率为4%。余额宝通过互联网方式从小额存款者手中吸引大量资金存放到银行获取6%的利息，并且以5%的利息返还给投资者。除此之外，余额宝也花大力气营造互联网金融场景，使其成为人们生活的一部分，这是很值得赞赏的。如今余额宝已经成为全世界最大的货币基金。但是如果余额宝的规模越来越大的话，整个社会的融资成本会迅速上升，所以余额宝的规模受到了限制。中国互联网金融曾经的快速发展，在很大程度上得益于中国金融体系内的套利机会。由于很多结构性套利机会源于中国经济的渐进性改革，是不断地产生出来的，市场化过程是无法消除的。许多市场化行为会进一步扭曲定价体系，加剧金融体系的不稳定，从而最终导致监管部门采取稳定性控制行为而受到制约。

P2P理财，实际上等于大幅降低了个人从事借贷业务的门槛，也是一种放松金融监管，以市场化为名的金融创新，结果引发了一场灾难，把我们金融体系本来就不多的信任资本消耗了不少，目前P2P行业正在被强势清理。场外配资公司的设计也很巧妙，股市涨了公司用杠杆赚钱，股市跌了公司就会强制平仓，股民损失所有本金，公司也是稳赚不赔的。场外配资公司以恒生电子的HOMS系统为核心，实际上该系统解构了证监会对证券业的监管，如果外资通过HOMS系统进入股市，完全不需要什么身份证、户口本，监管部门无法对外资身份进行监管。HOMS系统实现了一整套券商系统。而这些都是在以市场化为名，放松监管的条件下完成的。这些市场化行为在2013年初开始到2015年7月底，在中国股市暴涨暴跌的行情中起到了重要作用。在证监会严查配资公司时，配资公司考虑到政策风险就大量抛售股票。本来单个配资公司的设计是完美的，股票跌到了平仓线给客户强制平仓后也是稳赚不赔的，但是当整个HOMS系统同时抛盘的时候，配资筹码集中的股票会跌停，只能第二天继续抛售，由于资金规模过大，第二天又继续跌停，连续跌停就触发连续的平仓，最终导致整个股市踩踏现象。由于很多股票跌停，券商、基金、配资公司都卖不掉这些跌停的股票，所以只能通过股指期货对冲，反过来会进一步向现货市场施压，导致股市进一步下跌。

有人指出，在过去120年里金融危机后常常伴随着经济衰退，平均历时2~3年，成本是GDP的5%~10%。1930年的大萧条起始于金融危机，由于没有及时阻断其向实体经济的传导，从而导致了大萧条。美联储前主席伯南克在1983年指出由于银行体系的崩溃，把1930年严重但不是前所未有的危机演变成了前所未有的大萧条。而2008年国际金融危机，由于措施得当，恐慌波及实体的路径被成功阻断，避免了大萧条。依据上述讨论，我们最重要的是要避免金融危机。通常金融危机发生有两种原因：一种是由于恐慌从而挤兑金融机构造成金融危机，还有一种就是经济下滑导致金融危机。我们可以把经济体系分成两个部分：实体经济和金融体系。由于恐慌而造成的金融危机是从金融体系开始的，如果能够把危机阻断，问题就不会从金融体系波及实体经济。而由于经济下滑导致的金融危机从一开始就是危机把实体经济和金融体系连接在一起。

在中国，金融体系最重要的组成部分就是银行。我们考虑银行的资产负债表，左边是资产端，主要是企业贷款、个人房屋抵押贷款。右边是负债端，主要是个人和企业存款、银行自有资本。第一种由恐慌造成的危机，一般的理解是存款者挤兑银行。但是在中国，由于强大的国家信誉，这种挤兑的可能性很小。所以问题会出在资产端，主要是由于经济下滑造成企业破产和失业率高企，从而造成大量的企业和个人贷款违约成为坏账。而这些坏账会侵蚀银行的资本金。所以我们对金融危机的关注点就是银行的资产端和银行的资本金。而这个资产端的背后就是稳就业、保企业，尽快恢复生产，防止GDP下滑太多。

我们过去在化解银行风险方面的工作主要做的也就是剥离银行坏账，给银行补充资本金。我们的国有商业银行应该是比较稳健的。目前的主要问题是大量的中小商业银行，也就是城市商业银行和农村商业银行。由于近10年我国经济的增长速度一直在下滑，加上最近两三年，打破刚性兑付和去杠杆的宏观调控政策，使得不少民营企业和国有企业经营困难，中小银行背负大量坏账，盈利能力很弱。再加上中小银行融资困难，无论是通过资本市场融资还是引进新的投资者都是非常困难的。所以无论从哪个角度，盈利和融资，中小银行的资本金都很难得到补充。如果2020年的疫情导致我国经济下滑，我们又没有很好的应对措施，很多中小银行都会出问题。化解中小银行的系统性风险是当务之急。如果这方面的工作做得不好，尤其是如果出现大量中小银行倒闭，这会让我们正在下滑的实体经济变成严重下滑的实体经济，就有可能出现改革开放以来GDP增长首次出现负增长。

◎ 小结

中国金融体系是一个不稳定的体系，中国金融稳定就是在一个不稳定的体系上做稳定性控制，而这一切都是由中国金融体系的主要矛盾，金融问题全局性和渐进性改革局部性的矛盾必然带来的。因此金融稳定的任务靠金融体系本身是不可能解决的，靠其内部系统的自生平衡是达不到的，尤其是仅仅靠市场化作为解决方案是不可能的。在可预见的未来，金融稳定的任务就是要动用一切力量包括行政手段，确保金融体系不出大事。金融不稳定是必然的，但是要严防金融过度不稳定，各种检测指标和措施是必需的。这些应对措施是中国金融体系在一个特殊的环境下必须要做的。我们需要真正理解金融稳定是国家稳定的重要组成部分。只有如此，我们才可以跳出"三元悖论"的束缚，在金融体系不出大事的保驾护航下，推动我国金融体系的改革开放进程。

第七章
中国金融供给侧结构性改革

　　中共中央政治局2019年2月22日下午就完善金融服务、防范金融风险举行第十三次集体学习。中共中央总书记习近平在主持学习时强调，要深化对国际国内金融形势的认识，正确把握金融本质，深化金融供给侧结构性改革，平衡好稳增长和防风险的关系，精准有效处置重点领域风险，深化金融改革开放，增强金融服务实体经济能力，坚决打好防范化解包括金融风险在内的重大风险攻坚战，推动我国金融业健康发展。这是一个全面和深刻的表述，如何理解和落实中央的指示，对于我国今后的金融改革发展是决定性的。我理解这个表述的核心是理解和把握金融本质，尤其是认识和把握中国金融的本质，才能从根本上，以科学的态度完成金融稳定的重大使命，发挥金融对实体经济的重大推动和服务功能。从本书叙述的角度讲，我也希望金融供给侧结构性改革能够解决在本书中提到的各种基本问题，尤其要探讨如何在金融体系全局性和渐进性改革局部性的矛盾之下，形成定价体系，维护金融稳定，推动实体经济发展。由于金融供给侧结构性改革的内容可以非常庞大，可以涉及今后金融改革开放的方方面面。我只聚焦讨论中国金融的本质，联系中国金融本质和近年的一些重要金融政策做一些讨论。

◎ 金融的本质

推动金融供给侧结构性改革的前提是充分理解金融的本质。我们首先谈一下金融的一般本质。我在本书的前几章已经指出过，从20世纪50年代开始，现代金融学已经逐步发展成一门独立的学科，为全球金融行业的高速发展奠定了理论基础。金融学形成了特定的研究方法和研究对象，和一般经济学的研究方法和研究对象是不一样的。

众所周知，经济学的基本分析方法就是需求和供给分析。在纵轴为价格，横轴为产量的平面上，对任何一般的产品，人们假设有两条曲线：一条是单调向下的需求曲线，即价格越低需求量越大；另一条是单调向上的供给曲线，即价格越高越多的厂商愿意供应更多产品。这两条曲线的相交处就决定了产品的价格和产量。在宏观层面上，政府通常会考虑出台一些货币和财政政策推动需求曲线的移动，从而推动经济的发展。但是历史上的所谓供给学派，尤其是里根时代的供给学派经济学家则是考虑通过减税等措施导致供给曲线的移动来推动经济发展，并且取得了成功。当然我们的经济供给侧结构性改革的内涵远远超过了简单的供给—需求曲线分析，还包括不少结构性改革，例如国企混改、军民融合、推动科技创新等，这个结构性改革很重要，但是这方面的理论研究却一直没有跟上来。

　　党的十九大强调中国经济的主要矛盾是"人民日益增长的美好生活需要和不平衡不充分的发展之间的矛盾"，而经济的供给侧结构性改革主要就是为了解决这个矛盾。2008年国际金融危机爆发以后，为了保增长，中国采取了一系列主要针对经济周期性波动的宏观调控政策，如财政政策、货币政策和政府投资政策。这些政策确实起到了保增长的效果，但是也进一步恶化了供需结构。中国游客赴日本疯狂抢购电饭锅、马桶盖和天价日本大米，这都是供需结构失衡的直观例子。从2016年开始，国家提出了经济社会发展特别是结构性改革任务，战略上要坚持稳中求进、把握好节奏和力度，战术上要抓住关键点，主要是抓好去产能、去库存、去杠杆、降成本、补短板，一般称为"三去一降一补"五大任务。具体内容就是：去低利润、高污染的过剩产能；去库存是为新的产能提供空间；去杠杆是降低长期性和系统性风险；降成本是提高效率的基础；补短板是提高整体资源配置效率的必要条件，补短板也是平衡供需关系的必然手段。其中的去杠杆和降成本直接和金融相关。

　　经济的供给侧结构性改革是从经济学本质出发，从基本供求分析方法出发，是合乎逻辑之举。那么金融的供给侧结构性改革该如何考虑呢。通过理解金融学研究的对象和分析方法，可以对金融的本质有更好的理解。我们已经指出，所有金融问题都具有全局性，这也体现在金融研究的基本方法上，一般不会去特别关注和分析单个金融资产。金融学研究的对象是整个定价体系，或者说是大量金融资产收益和风险之间的横向关系，而金融学的分析方法是套利分析。如果一定要对单个金融资产做分析，那么在以纵轴为价格，横轴为产量的平面上，金融资产的需求曲线是一条水平线，严格来讲无论供给曲线如何移动，对资产价格都不会带来任何影响。从这里就可以看出金融考虑的问题和经济学考虑的问题在方法论上有本质上的差别。所以仅仅把供给侧结构性改革当作一个框框，什么都往里扔的想法，是不科学的也是行不通的。退一步讲，考虑金融问题资产价格总是第一位的，资产价格的确定是对风险和收益的综合考虑。金融学基本原理是核心，就是把金融学的研究对象和研究方法连接起来的理论。金融学基本原理可以表述为：定价体系存在的充分必要条件是没有套利机会。在定价体系存在的条件下，人们对金融问题的分析往往是在纵轴为期望回报，横轴为风险的平面上，寻找所谓的 α，即给定单个资产的风险其期望收益与定价曲线决定的期望收益的偏离，做出投资等决策。直观来讲，所有金融问题都带有全局性，对个别资产的投资决策是基于对整个定价体系，即大量资产的风险—收益横向关系的考虑，风险和收益的关系是核心。这与经济学对产品的供求关系研究有着本质上的不同。

相对于实体经济的供给侧结构性改革，金融的供给侧结构性改革并不是一目了然的。这是由金融的本质所决定的，即金融的核心是资产定价体系，是风险和收益之间的关系。另外，同样由于资金的快速流动，资产价格的前瞻性，人们不仅要考虑已经存在的金融架构还要考虑未来可能发生的架构变化，金融体系内的结构性调整也往往是可以被快速化解的。各类金融机构之间、金融机构和金融市场之间的界限也是非常模糊的，它们往往具备相似的功能，这也是现代金融监管强调功能监管的主要理由。

为了便于理解，我们举一个例子。为了分散风险，投资者可以在股票市场上买多只股票。但是资本金比较少的中小投资者会比较困难做这种分散风险的投资，于是共同基金公司就产生了。共同基金专注投资，并且把基金投资组合的份额卖给中小投资者。这就完成了从市场到机构的一步，其基本功能是一样的，通过资产组合分散风险。由于通过市场购买股票交易费用是比较高的，于是市场推出了交易成本比较低的股指期货，使得投资者可以通过股指期货完成分散风险的功能，而且本金可以被分离去做其他投资。这样就又完成了从机构到市场的一步，基本功能还是通过资产组合分散风险。另外你还可以通过场外市场的互换合约，例如某个利率与股票指数总收益的互换，从而实现分散风险的需求。而这些都体现了金融问题的全局性，不仅是跨界的全局，也是跨时间的全局，是真正的全局。

仅仅基于现代金融学的本质，讨论金融供给侧结构性改革是基本不可能的。尤其是依据境外一些国家和地区的具体实践，简单地讨论加强直接融资尤其是股权融资，扩大公众债券市场融资，建设多层次资本市场，建立各种资本市场板块等，是远远不够的。因为这些讨论，没有像讨论经济的供给侧结构性改革那样，从经济学的基本要义，供需关系出发，从我国经济发展的主要矛盾出发讨论问题。另外，一个国家的金融结构和这个国家的社会制度、法律框架、文化传统是紧密相关的。在金融学界有人对英美法系和大陆法系对金融结构的影响做了一些研究，指出以资本市场为主体的金融体系和英美法系相关，而以银行为主体的金融体系和大陆法系相关，用来解释英美金融体系和德法金融体系的差别。如何进一步推动我国金融的发展，如何理解和推动金融供给侧结构性改革，我们还必须要理解中国金融的本质。

◎ 中国金融的本质

中国金融体系是一个极其复杂和特殊的体系。我们可以把这个体系看作一个混沌世界。科幻小说《三体》里面描述了距离地球最近的恒星系统——半人马座 α 三合星的乱象。根据牛顿的万有引力我们可以计算宇宙中两个天体在引力作用下的运行情况，但是如果有第三个天体，三体之间的作用力关系就会很复杂，整个系统也会极不稳定。我们认为中国金融体系也是一个多体系统，从目前的状态来看，我们至少会考虑的因子应该包含金融定价体系缺失、渐进性改革结构性套利、过度创新与监管交替登台、服务实体经济、数字货币探索等。当然还有国际因子。多体之间的相互作用，会使得这个体系的演化异常复杂。我们的任务是要寻找中国金融体系的主要矛盾并且朝着演化之路进发。混沌理论和量子力学、相对论被认为是20世纪三大科学发现，混沌理论对中国金融体系的研究有着重要的现实意义。

我在第四章讨论了中国金融体系的主要矛盾。我试图论述中国金融体系的主要矛盾是所有金融问题都带有全局性与渐进性改革局部性的矛盾。这个矛盾在过去、现在和将来都是我们金融体系的主要矛盾，贯穿于整个中国特色社会主义市场经济的核心——中国金融体系之中。理解这个金融体系的主要矛盾对我们做好金融供给侧结构性改革，维护中国金融稳定是很重要的。我在第六章讨论了中国金融稳定问题。我们的主要结论是：中国金融体系本质上是一个不稳定的体系，我们的金融稳定事实上是在一个不稳定的体系上做稳定性控制，这是一个非常困难的工作。第四章和第六章已经比较清晰地讲述了我们中国金融的本质。

总的来讲，中国金融的本质就是：一个定价体系严重扭曲的极其不稳定的金融体系；中国金融稳定就是在一个不稳定的体系上做高难度的稳定性控制；而这一切都是由于中国金融体系长期存在的主要矛盾，即金融问题的全局性和渐进性改革局部性的矛盾。这个金融本质在境外其他地方并不存在，是我们采取渐进性改革策略所特有的。由于这个本质的独特性和复杂性，靠金融体系自身无法解决我们面临的问题，这就需要金融体系以外的力量，包括金融供给侧结构性改革。但是如何推动这方面的工作也是非常困难和复杂的。

相对于一般的情况，中国金融的本质就是定价体系缺失，这和渐进性改革的结构性套利机会是相辅相成的。也就是说，我们还不具备一般的金融基础。正是由于这一点，讨论金融供给侧结构性改革才有意义。多年来我们建立了各种金融市场板块，建立了各种金融机构，我们金融体系的规模在全球也是名列前茅。在这样的成绩面前说我们的金融体系不具备一般的金融本质，缺乏金融体系的定价机制这一最重要的基础，连我自己都不愿意去相信。但这是一个基本事实，可以依据金融学基本原理去阐明的，是拜渐进性改革的结构性套利机会所赐，也是我在实践的基础上得到的有关中国金融体系的基本结论。如果大家认可这个论断，中国金融供给侧结构性改革的主要任务，就是应该围绕着中国金融体系的主要矛盾，在中国金融体系内逐步修复定价机制，使其具有一般的金融本质。所谓定价机制，我们已经在前面章节表述过，粗略地说就是资产回报具备高风险高收益和低风险低收益的基本属性。由于我们的渐进性改革是一个长期的过程，在第二章我说明了这是由于我们的意识形态以及社会制度和市场化进程决定的，因此努力提升我们渐进性改革每一步的相容性，努力摆脱渐进性改革的局部性是很重要的，这会缓解我们金融体系的主要矛盾。也就是说完成金融供给侧结构性改革的任务，不是金融体系本身能够完成的，而是必须在整体的渐进性改革的努力和协调下才能完成。国家现在越来越重视金融体系，尤其是资本市场的作用，这有助于缓解中国金融体系的主要矛盾。

在中国金融体系形成一个定价机制需要经过一个长期的过程。但是定价体系的形成是维护金融稳定、防范金融危机发生的根本。党的十九大把金融稳定列为三项攻关任务之首，但是要在现有格局下去完成这个任务困难重重。渐进性改革的路程很长，金融的全局性和渐进性改革局部性的矛盾必将长期存在。任何金融体系都是脆弱的，一个不稳定的金融体系就更加脆弱了。我们需明白在一个不稳定的体系上做稳定性控制必须非常谨慎，只能微调，千万不能搞运动式的创新或运动式的监管。我们要敬畏中国金融体系不稳定性的本质，敬畏在一个不稳定体系上做稳定性控制的复杂性和危险性。我们现在看到的很多金融乱象是这个不稳定体系的必然产物以及由于我们做了不适当的稳定性控制所导致的结果。在过去20多年里，我们经历了很多次这样的循环：推动某些金融创新，大量问题出现，然后加强监管。通过这些循环，我们的金融体系看起来是在不断地完善和增加规模，产品也在不断地增多，但是问题也积累得越来越多。而且每经历一次这样的循环所付出的成本也是相当高的。由于长期存在的结构性套利机会，自然会加大金融体系的杠杆，并且使得各类不在监管视线内的"影子银行"迅速扩大，从而增加金融体系的波动性。由于定价体系的紊乱，使得资产价格对风险不敏感，监管部门出于对新兴市场的呵护和对投资者的保护，股价高了也要干预，低了也要干预，好像希望股票也具有刚性兑付特性。这些干预也许是必需的，但是政府干预行为一般都是可以预测的，这种可预测的干预往往会造成更多的套利机会，从而引发更多的套利行为，使得本来已经波动率很高的市场更加波动，对风险已经不敏感的资产价格对风险更加不敏感。中国渐进性改革的结构性套利机会和定价体系的极度扭曲是一对孪生兄弟，导致金融创新偏向跨界和跨境的套利，导致投资者风险自负的原则失效，导致政府过度干预（监管），导致定价体系进一步扭曲，这种循环是中国金融体系不稳定的主要原因。在这个循环中，金融创新和金融监管都有可能进一步加剧金融的不稳定性。多次重复这种循环就有可能导致中国爆发金融危机，这也许就是中国最终爆发金融危机的一种模式。我们面临的挑战就是要研究如何走出这个循环，这包括渐进性改革步骤的相容性，金融如何与实体经济紧密结合。我们要重视刚性兑付这个问题。因为刚性兑付是一个和我们这个不稳定的金融体系纠缠在一起的重要问题，是否或者能否打破刚性兑付也是我们在做稳定性控制时必须慎重考虑的问题。金融供给侧结构性改革的主要任务是修复金融体系的定价机制，并且在定价机制扭曲的情况下处理好一些重要问题，如"去杠杆"、打破刚性兑付等。

◎ "去杠杆"

"去杠杆"是这几年讨论的比较多的一个问题，是"三去一降一补"（"三去一降一补"是根据供给侧结构性改革提出的，即去产能、去库存、去杠杆、降成本、补短板）五项工作中的一项。"去杠杆"也是过去几年我国宏观经济运行的重要逻辑主线之一，并显著改变着微观主体的行为方式。"去杠杆"的说法往往与"防风险"相联系，这意味着防范化解重大风险是最终目标。去杠杆体现在宏观杠杆得到有效控制，而宏观杠杆得到控制则有赖于微观企业去杠杆和金融去杠杆。

2008年国际金融危机以后我们国家频繁和大量地使用基建

和房地产刺激经济，从而维持了一个相对高的投资率和GDP增长率，但这一过程导致非金融企业部门、居民部门和政府部门三者同时快速加杠杆，将宏观杠杆率推到了偏高的境地。非金融企业部门、居民部门和政府部门的杠杆率分别由2008年底的96.3%、17.9%和27.1%快速上升至2016年中的166.9%、41.7%和43.4%，宏观杠杆率也从141.3%上升至251.9%。非金融企业部门进一步加杠杆，导致原本过剩的产能进一步扩张，最终PPI自2012年3月起经历了长达54个月的通缩。债务增速大幅超过名义GDP增速，未来现金流不足以支撑债务的增长，经济进入加杠杆阶段。地方政府在GDP考核压力下通过地方政府融资平台进行大规模违规举债，并通过刺激房地产获得巨额的土地出让金和税费收入，引发了地方政府债务和企业债务风险。居民部门杠杆率快速上升，尽管横向比较来看总水平不高，但是已经透支了居民部门的财富积累。2016年开始实施供给侧结构性改革，通过行政化去产能去杠杆的方式，有效地推进了国有企业的去杠杆进程。相关行业产能大幅压缩，产品价格上涨，企业营收改善，利润增长，资产负债表开始修复。供给侧结构性改革效果最显著的便是国有企业占比较高的煤炭、钢铁和有色行业的资产负债率于2016年中开始下降。而民营企业占比较高的化工企业资产负债率在2015年中便开始下降，市场化程度更高的食品、饮料、纺织、服装以及设备制造等行业，一直在修复资产负债表，降低杠杆率。

2008年国际金融危机之后实体部门杠杆率的快速上升，背后存在着金融部门无序扩张的问题。由于资产管理业务的监管规则和标准不一致，导致了业务发展不规范、监管套利、产品多层嵌套、刚性兑付、规避金融监管和宏观调控等问题。商业银行将资产由表内转移到表外，降低了资本约束要求，规模快速做大，并且通过借用各种"通道"，将资金贷款给地方政府融资平台、产能过剩国企等受到信贷政策限制的部门。而银行理财、信托、券商资管、基金子公司等金融子行业也迅速做大，实现了爆发式的增长。实体部门和金融部门的杠杆率不断攀升，风险持续累积聚集，金融行业也逐渐脱离了服务实体经济的初衷，资金体内循环，脱实入虚。从2016年下半年以来，监管全面加强，去杠杆及控制风险成为金融监管的重中之重。银行、证券、保险等行业各项监管政策不断出台，整治市场乱象、防控行业风险、弥补监管短板。2017年11月8日，国务院金融稳定发展委员会成立；2017年11月17日，"资管新规"意见稿发布；2018年3月13日，银监会和保监会合并组建银保监会；2018年3月28日，中央全面深化改革委员会第一次会议审议通过"资管新规"，并于4月27日正式发布。在金融监管全面趋严，金融去杠杆稳步推进之下，M_2和商业银行资产规模同比增速降至10%以下，社会融资规模同比增速也稳步下滑。

去杠杆是供给侧结构性改革"三去一降一补"的重中之重，近年来无论是在金融体系层面，还是在实体经济层面，都出台了很多政策。这导致金融体系内部出现流动性分层，大型金融机构和中小型金融机构业务分化，实体企业也出现信用分层，低评级企业融资难度上升。2019年12月12日，中央经济工作会议提出从

"去"杠杆到"稳"杠杆。以上的讨论基本上是社会的主流说法。以下我们试图从金融本质尤其是中国金融本质方面去理解杠杆问题。这里涉及不少问题，包括中国的经济结构、金融和经济的一些基本理论，等等。我们认为杠杆和去杠杆问题是一个专业性比较强的问题，需要认真对待，尤其从金融本质上去思考。

首先，我想说由于中国的特殊国情，要想把中国的杠杆讲清楚是非常不容易的。杠杆作为会计上的一种陈述可以帮助我们做些分析，但是会计陈述本身是无法作为决策依据的。我们的决策更要依赖体现经济含义的分析变量。我们在第二章讨论了中国的渐进性改革问题，中国是一个从计划经济向市场经济转型的国家，同时又要保持社会主义公有制。市场经济要求企业自负盈亏，记账是必需的，用现代财务报表表述企业情况也是必需的。但是公有制又使得股权和控制权层层穿透，事事相连，链条超级长是国有企业的一个特点。我曾经在中投证券担任独立董事，理解这个公司的链条是：中投公司—汇金公司—建银投资—中投证券。在这样一个情况下，我们也许可以讨论单个企业或者单个小区域的杠杆率，但是这和整个宏观杠杆率又如何相连接呢？况且单个企业或者单个小区域的杠杆率又有什么经济含义呢？我对这个问题的思考起源于对跨国公司子公司的杠杆思考。跨国公司子公司的会计报表的数据也给出了有关子公司杠杆的状况，但是却无法讲清楚其真实含义。假设华为在巴西设立一个子公司，叫华为巴西。华为给华为巴西一笔钱作为启动经费，这笔钱在华为巴西可以记作股权也可记作债权，完全取决于华为的考虑，因为钱都是华为提供的。在这个意义上，单从资产负债表上讨论华为巴西的杠杆是没有意义的。所以，一般来讲通过会计报表来讨论跨国公司子公司的资本结构是没有意义的，只会扭曲事情的本质。我们再举一个现实的例子，所谓高盛进入中国的三部曲。第一步就是高盛捐赠5.1亿元"买门票"，为海南证券解决历史包袱，从而取得中国政府对高盛进入中国的谅解和支持。第二步就是设立高华证券，一个100%的中资证券公司。出资的具体安排是高盛为方风雷团队提供8亿元商业贷款，同时还有联想投入2.72亿元。2004年10月，高华证券注册成立为综合类证券公司，方风雷团队和联想分别占有高华证券74.63%和25.37%的股份。第三步就是高盛与高华证券联合出资组建一个合资证券公司，高盛高华证券，两家分别占有33%和67%的股份，高盛高华证券仅从事投资银行业务。由此，高盛成为首家绝对控股中国内地一家合资证券公司的海外投行。在高盛高华的股权结构上体现了跨国公司子公司的股权结构在会计报表上数据的任意性。高盛为方风雷团队提供的8亿元可以被称作债券，而这笔钱又可以转换成高盛高华的50%（74.63%×67%）股权。所以高盛实际拥有高盛高华的股权可以被理解为83%。但是这个股权在财务报表上并不是如此记录的。

在中国，中央政府和地方政府，政府和国有企业紧密地绑在一起，国有控股公司又是上市公司的母公司。所有这些关系都可以在某种程度上被理解为母子公司的关系，甚至祖孙公司的关系。另外，民营企业和国有企业以及地方政府也是绑得相当紧的，具有千丝万缕的联系。我们经常看到，地方政府常常出让土地用于吸引民营企业入驻，用于换取今后地方政府的税收和当地的生产总值增长。不少小型民营企业也常常是依附在一家比较大的国有企业之上，通过各种关联交易赖以生存。因此，如何衡量地方政府的杠杆、国有企业的杠杆、金融机构的杠杆是需要非常谨慎的，尤其是想把那些局部的负债加总得出某些结论是更需要仔细斟酌的。当然由于各种经济个体能够捆绑在一起，也有利于减少流动性风险，也会导致用较低成本做债务重组以及债转股和坏账剥离等。总之，由于中国经济体系的特殊性，想把中国的杠杆讲清楚不是一件容易的事情。如果杠杆都讲不清楚，又如何能够比较精准地去杠杆呢？

其次，李嘉图等价定理认为，征税和政府发债在逻辑上是相同的。这一原理可以通过下面的例子来加以说明。假定人口不随时间而变化，政府决定对每个人减少现行税收（一次性总付税）100元，由此造成的财政收入的减少，通过向每个人发行100元政府债券的形式来弥补（再假定债券期限为一年，年利息率为5%），以保证政府支出规模不会发生变化。减税后的第二年，为偿付国债本息，政府必须向每个人增加105元的税收。巴罗教授在其1974年发表的《政府债券是净财富吗》一文中，用现代经济学理论对李嘉图的上述思想进行重新阐述。巴罗提出，在一个跨时新古典增长模型中，在特定假设（例如完备的资本市场、一次总付税、代际利他和债券增长不能超越经济增长等）下，如果公众是理性预期的，那么不管是债券融资还是税收融资，政府所采用的融资方式并不会影响经济体系中的消费、投资、产出和利率水平。原因是当政府为弥补赤字而发行债券时，具有理性预期的公众明白债券变现最终还是要靠增税来完成，即现期债券相当于未来税收，政府债券融资只不过是移动了增税的时间。而且，消费者具有"利他主义"的遗产动机，即他不仅从自己的消费中获得效用，而且从子女的消费中获得效用；他不仅关心自己的消费，也会间接关心子女的消费。尽管举债具有的减税效应使消费者收入增加，但在理性地预期到将来税收增加从而子女消费水平将受到不利影响时，消费者就不会因为现期收入的增加而增加消费。消费者不会将政府发行公债融资引起的财政扩张及收入增加看作幸运的意外收获，他们宁愿将一部分收入储蓄起来以支付未来（甚至子女）的税收负担，因此消费需求不会上升，更不会出现消费支出的乘数效应。这是宏观经济学领域里的债务结构理论，和公司金融里的MM债务结构理论是非常相似的。公司金融里的债务结构理论是我们在本书第一章里讨论过的，在一定的条件下，公司的资本结构不会影响公司的价值。有意思的是，当我们这些搞金融的人在炫耀MM理论时，我们的一些研究经济的朋友就会说，你们的MM理论是从我们的经济学老祖宗那里模仿过来的。因此在满足一定的条件下，无论宏观的债务结构和微观企业的债务结构都没有一个所谓的最优结构，那么杠杆高点或低点又有啥关系呢？这应该是我们讨论杠杆率以及债务结构的一个出发点。接下来的问题才是在什么样的情况下我们要防止杠杆率过高，当杠杆率过高时我们又应该如何去杠杆。这些讨论和相应的政策都要回到专业本源去思考，要结合我们的经济结构和中国金融的本质去思考。

再次，当杠杆比较高时，我们到底担心什么问题，这些问题又应该如何解决？我们还是用一个例子来说明问题。例如，有一个公司目前没有任何现金和资产，只有账面值为10000元的债务。公司有一个项目需要初始投资2000元，一年后的现金流入是无风险的11000元。大家面对的问题是：此项目的净现值是多少（假定折现率为0）？投资者是否会投这个项目？为什么？经过什么样的调整过程投资者才会投这个项目？这个项目显然是个好项目，其净现值是9000元。因此作为一个孤立的项目，这个项目是非常值得投资的。但是在公司债务问题没有得到适当的处置前，是没有投资者会投资这个项目的。道理很简单，因为这个项目产生的现金流11000元，在还掉公司债务以后就剩下1000元了，比初始投资2000元还要少1000元。债权人面临的情况是清楚的，如果这个项目被放弃，债券的市场价值为零。这个问题如何解决，答案就是债务重组！如果持有债券的是单一债权人，这个问题好办。一个办法就是把债券的账面值削减到5000元。新的投资者就会进来，他的净收益是4000元。在该项目会被投资的条件下，原有的债权人和新投资者将分享整个项目的净现值9000元，至于这个9000元的大饼如何分，则取决于双方的议价能力。而这个账面值削减，也可以被理解为某种程度的去杠杆，但这是会计意义上的去杠杆。如果一定要深究，这个账面值削减其实反而是经济意义上的加杠杆。而且这种经济意义上的加杠杆对债权人和新投资者都是有利的。当然如果有很多债权人，债权重组的工作会相对复杂和费时间，这就需要一个有效率的破产法能够比较高效地解决问题。以上这个例子的背后是公司金融中的一个叫作"债务高悬问题"，而"债务高悬问题"是公司金融里面几个重要的问题之一，是把公司金融问题和公司的投融资问题捆绑在一起考虑问题。如果一个公司具有很高的债务，那么这个公司即使有很好的投资机会，也可能会有融资困难，从而被迫放弃好的发展机会。而解决的办法就是展开债务重组或者去杠杆，让各方都获得好处。我们可以看到去杠杆不是为了单纯降低杠杆率，而是一种提高经济效率和企业发展的手段。这里尤其要关注的是会计意义上的去杠杆和经济意义上的去杠杆的重大差别以及两者之间的复杂关系。我们显然更在意经济意义上的"杠杆"。我们无论在考虑地方政府去杠杆还是企业或者个人去杠杆的问题，本质上是要解决"债务高悬问题"，从而促进发展，这就是去杠杆为实体经济服务的根本性考虑。

在实践中，除了债务重组还有其他解决"债务高悬问题"的办法。其中一个办法就是通过资产证券化、设立信托计划或拟信托计划把企业的好项目剥离出来放到表外，不让现有的债权人染指。这也是一个在中国常用的办法，这也是我国信托行业快速发展的一个重要原因。但是这种做法，从会计的角度看也许会增加杠杆，但是公司却避免了高杠杆的扯皮，抓住了投资发展机会。另外，从"债务高悬问题"这个角度出发看问题，中国大量小微企业融资难的核心问题之一其实就是这些企业已经有很高的债务，只有先做债务重组或设立信托计划，或者寻找其他方法才有可能获取新的融资，不然上面喊破了嗓子也没有用。

2003年建设银行和中国银行也是在作了各种坏账剥离形式的债务重组以及外汇注资补充资本金后，才顺利引进境外投资者的。而其最根本的就是因为当时境外投资者看到了中国经济高速增长的潜力。在这个意义上，当时讨论的所谓我国银行资不抵债问题只是在会计意义上的，并不是在经济意义上的。总之，去杠杆要立足于是否有利于企业的发展，是否有利于区域经济的发展，是否有利于国家整体经济的发展；"去杠杆"一定不能搞行政化，因为这可能导致经济下滑，企业出问题，股权和债权投资者都遭受损失。近年来不少地方由于企业破产、地方政府财政困难，有些地方政府甚至上了金融机构的黑名单，地方政府也面临"债务高悬"问题。地方政府一定要努力解决这个问题，否则就会影响地方经济的发展。具体的解决方法，我们在上面提了一些，也许还需要其他的创新方法。

最后，我们的杠杆问题至少有两点是独特的，一个是和定价体系确实有关，另一个是和捆绑在一起的社会经济体制有关。具体来说，以上讨论的一些理论是基于定价体系存在的，例如公司金融的MM理论，在某种意义上还有李嘉图等价定理。但是我们体系中的杠杆，尤其是金融体系的杠杆是源于我们的定价体系的严重扭曲，或者等价的是由于存在渐进性改革结构性套利机会，例如前几年各类金融机构包括证券公司、信托公司、基金公司、银行、保险公司等，热衷的"通道业务"。除此之外，我们讨论的社会主义公有制和在市场经济体系里运行的国有企业也增加了我们对经济含义下的杠杆界定的难度。现在很多有关地方政府债务和企业债务的估计顶多具备标识性的作用，不能够成为制定政策的依据。其实杠杆也不一定是坏事，如果债务具有刚性约束，也可以防止过度投资和过度消费。如何把杠杆变成一个我们可以主动使用的经济调节变量也是极具挑战意义的。只有把这些问题充分搞清楚了，我们才能够把高杠杆和金融风险的联系搞清楚，才能精准地和有效地去杠杆，尤其是在这个过程中取得多方共赢的结果。

◎ 打破刚性兑付

打破刚性兑付是这几年金融改革的一项重要任务。2017年11月17日，由央行、银监会、证监会、保监会、外汇局等部门联合起草的《关于规范金融机构资产管理业务的指导意见（征求意见稿）》（以下简称《指导意见》）正式发布，《指导意见》按照资管产品的类型制定统一的监管标准，消除监管套利空间，并要求资管行业彻底打破刚性兑付。

首先，讨论中国刚性兑付的历史原因。刚性兑付，原本只是源于信托业一个不成文的规定，就是信托产品到期后，信托公司必须如期兑付投资者的本金及其收益，当信托计划出现不能如期兑付或兑付困难时，信托公司需要兜底处理。其实信托并不是没有风险，信托投资的房地产和工商企业都是有风险的，但是信托公司却对投资者承诺刚性兑付，主要是因为信托公司承担了这部分风险。由于国家对房地产的调控政策和对房地产贷款的谨慎态度，房地产开发企业融资需求一直非常的强烈，但是房地产本身的利润丰厚，因此可以承受相对较高的利率。随着国家对银行业以外其他金融业态（如证券、期货、保险、基金等）放开资产管理业务，各经营主体出于竞争的需要，利用国有资本优先的体制优势，利用法律在政府或国有资产面前的弱势地位，利用政府或国有资本的所谓全民信用，刚性兑付成为有政府背景及国有背景项目的融资背书。由于信托资产很难转让，投资起点高，如果不做刚性兑付，很多投资者将不敢购买信托产品，这将对信托业造成沉重打击。大部分信托产品都不能像股票、基金一样能很容易地进行转让。从2007年开始，中国的信托业高速发展，监管机构多番下发指导文件指出要注意行业风险和兑付问题，2014年银监会《关于信托公司风险监管的指导意见》中指出："项目风险暴露后，信托公司应尽全力进行风险处置，在完成风险化解前暂停相关项目负责人开展新业务。"这一条款一出，信托公司为了继续开展业务和保护自己稀有的牌照，遇到兑付存疑项目，只能尽快履行刚性兑付责任。监管层要求确保兑付的初衷是推动新业务，让投资者消除疑虑，也是防止因信托投资亏损诱发群体性事件。但是刚性兑付，背离了"风险与收益相匹配，高收益隐含高风险"这一基本的定价体系特征，创造了一个"零风险、高收益"的神话。进入2012年以来，中国经济增长率开始缓慢下滑，信托业的刚性兑付策略也受到了影响。2014年1月底，中诚信托出现了有限违约的问题。据了解，中诚信托因第三年剩余的部分利息不予兑付，迈出了信托业打破刚性兑付的第一步。除了信托产品，银行理财产品也具有刚性兑付的特性，债券也是。2014年3月4日晚，上海超日太阳能科技股份有限公司董事会发布公告，表示2011年公司债券第二期利息无法按期全额支付恐无法在3月7日付息。至此，超日债违约成为中国债券市场的首单实质性违约。

中国金融监管部门2018年联合发布了影响整个资产管理行业的《关于规范金融机构资产管理业务的指导意见》，认定存在以下行为的视为刚性兑付：（1）资产管理产品的发行人或者管理人违反真实公允确定净值原则，对产品进行保本保收益。（2）采取滚动发行等方式，使得资产管理产品的本金、收益、风险在不同投资者之间发生转移，实现产品保本保收益。（3）资产管理产品不能如期兑付或者兑付困难时，发行或者管理该产品的金融机构自行筹集资金偿付或者委托其他机构代为偿付。（4）金融管理部门认定的其他情形。打破刚性兑付是本轮监管的底线要求。

我们在第五章，讨论了银行研究的经典文献 Diamond（1984）。这个研究银行的设计就是为了在单个项目违约的情况下，银行不至于破产。存款利息的设置与太多的因素有关系，与贷款利率有关系，与银行整体业务有关系，与虽然单个项目破产但是银行不一定破产的设计有关系，等等。一般的小存款者是不愿意也不可能去分析这些的。同样，银行项目贷款的利息决定也是很复杂的，不仅仅和项目本身的风险收益有关，还和银行的存款利率以及银行整体业务有关。银行发挥了资产转换功能，银行的存款者和贷款者是一个多对多的关系。很自然地，当银行做财富管理业务时，也会沿着惯性思维采取多对多的策略。随着银行相互独立的项目增加，银行的存贷款利率都会下降，而且银行的破产概率也会快速递减。通过贷款项目的增加，尤其是相关性低的项目增加，银行能够得到更好的发展，个别项目的破产不会影响到整个银行的破产。存款人、贷款人、银行三者的复杂关系在这里得到了充分的体现，存贷息差的变化也反映了这三者之间的关系。中国很多的理财产品是和银行合作的，银行的基本理念也必然影响到理财产品的理念。我们的问题是：银行的理念是否能够用在信托计划等理财产品里面？银行和信托以及其他的理财产品理念在中国的主要差别如何理解？

其次，我们通过讨论美国银行存款保险制度来理解刚性兑付的意义。1930年经济危机后罗斯福新政中最成功的一项举措就是在1934年建立了银行存款保险制度。这是对银行存款的刚性兑付。美国在历史上是金融危机发生较多的国家，即使在1914年建立了联邦储备银行后，也没有从根本上改变这个情况。直到实施了银行存款保险制度才保持了70年的平安。一般认为投资者应该对风险敏感，风险自负是金融的一个基本原则。但现实世界是复杂的。研究表明，存款利率对于银行的风险是不敏感的，也就是说存款者对银行的风险是不敏感的。这主要是银行的业务繁杂而且不透明，一般存款人多是普通老百姓，也没有意愿和能力去关注银行的风险。也可以说存款者不理解存款的风险，也没有风险自负的理念，或者说银行存款的定价机制缺失，因此一旦有点问题，存款者就恐慌，就去挤兑银行，发生金融危机。这样刚性兑付就成了防止银行挤兑和金融危机的必要且有效的方法了。从以上讨论可以理解为在风险定价机制缺失的情况下，一般来讲以刚性兑付为基础的金融政策是正确的选择，可以起到防止挤兑和防范金融风险的关键作用。

最后，由于我们金融体系的定价体系缺失，过去我们在各个金融资产类别基本上采用了刚性兑付或者拟刚性兑付的方法，从而有效地维护了金融稳定和防范了在中国发生金融危机。这也是为什么大家多年来一直有提议要打破刚性兑付，但是真的做起来又很困难的基本原因。我们一直在信托产品、银行理财产品、公司债券上都采取了刚性兑付的办法，基本依据就是定价体系缺失，而政府又要推动这些市场的发展。即使在股票市场，我们也是用一种拟刚性兑付的方法来调控，股票市场涨得太快了要干预，跌得太多了也要干预，最好是一种慢牛状态，其根本原因也是我们的股票市场的定价体系也是缺失的，什么投资者风险自负也只是一句口号。当然刚性兑付会进一步扭曲定价体系，从而会对未来的金融稳定造成更大的影响。用存款保险制度（刚性兑付银行存款者）去防止银行挤兑是可行的，而用刚性兑付整个金融体系长期如此是不可行的。我们在刚性兑付这个问题上确实是进退两难。除了国际上的一些通行做法，中国宏观审慎的监管理念和措施要针对的问题就是中国渐进性改革的结构性套利机会和定价体系的极度扭曲及其导致的金融体系不稳定性，最大的挑战就是要研究如何走出困境。目前走出困境讨论的聚焦点似乎是打破刚性兑付。有人认为如果理财产品或企业债务违约就应该坚决让它们违约。但是问题是这些违约风险并没有体现在这些金融产品的定价里面，例如违约的信托产品和没有违约的信托产品定价是一样的，票面回报都是10%。也就是说风险和收益并没有联系，或者说刚性兑付是投资者认定的某种承诺。也许今天强行打破刚性兑付可以使投资者得到教育，从而使得今后的定价体系能够建立起来。问题是这种全面的强行打破刚性兑付的可能性有多大，在法律层面执行是否真的可行，而这些又和定价体系存在的硬币的另一面渐进性改革的结构性套利机会能否消除相联系。我觉得强行打破刚性兑付也很难走出这个循环。刚性兑付和定价体系缺失这两件事的紧密相连造成了我们目前的困境。打破刚性兑付也要和修复金融体系定价机制这个金融供给侧结构性改革主要任务一并考虑。如果不能修复定价机制，刚性兑付也将会是长期困扰我们的问题。

◎ 充分发挥资本市场的各种重要功能

我们的股票市场在过去30年，主要的作用就是为企业融资，发挥了很大的作用。先是为国有企业融资，为国有企业脱困。然后是为高科技企业融资，推动高新技术发展。但是由于定价体系的缺失或者严重扭曲，资本市场的其他重要功能无法正常发挥。只有把修复金融体系的定价机制作为金融供给侧结构性改革的主要工作，才有可能充分发挥资本市场的各种重要功能。

大家都知道资本市场有一个重要的作用叫作前瞻性。我们用这个前瞻性来破解我们国有商业银行上市前以及上市后长达10年的有关国有资产流失的一场大争论的是是非非。吕岚和我2002年在《中国证券报》上刊文讨论过国有企业如何通过资本市场实现保值和增值。只是当时对中国金融体系的主要矛盾和主要问题认识得没有现在那么清楚，但是问题讨论的逻辑和方法是对的。我们采用了Zingales（1995）的分析方法。Zingales（1995）是第一个将公司上市动机和控股股东股权转让价值最大化联系起来的。如果公司的价值在现有大股东的控制下低于在经营上更有效率的收购方的控制下，那么通过公司股权转让可以提高公司的价值。大股东通过与收购方的协议谈判来出售公司，而出售价则由双方的议价能力来决定。公司如果采用先上市后谈判的方式，等同于增加现有大股东的谈判能力从而使他在整个转让股权的过程中取得较大利益。

现代公司金融理论认为公司的价值实际上由两部分组成。一部分是所谓的现金流权的价值，另一部分是控股权本身给控股股东带来了额外的价值。在现金流权市场，存在着大量分散的小股东，是一个高度竞争的市场。但是，由于控制权交易涉及大量的资金，只有较少的投资者可以进入争夺控制权的市场，因而是一个不完全竞争的市场。在充分信息和合理预期的假定下：一是对未来现金流的合理预期决定了股票价格的基础；二是控制权的交易是大股东和潜在收购方对公司总价值（=现金流价值+特殊利益）进行博弈的结果，通过这两个途径大股东可以在减持公司股权的整个过程中创造最大的价值。表7-1是一个数值例子。

表 7-1　公司价值的估算

单位：元

项目	当前大股东	潜在收购方
现金流值（B）	100	140
特殊利益估值（v）	40	10
企业总估值（B+v）	140	150

显然，如果立即就实行收购交易也是有基础的，因为双方都有利可图。交易剩余是150-140=10（元）。至于这10元怎么分取决于双方的议价能力，我们假设如果双方议价能力相等，那我们就是双方平分10元，各得5元。如果当前大股东的议价能力强，例如他可以拿到7元，对方只能拿到3元。于是通过收购交易，大股东获得147元。我们的问题是，能否通过先上市后交易，进一步提高大股东的收益呢？也就是说，公司上市的目的不是为了继续经营公司，而是为了把公司卖个更好的价钱。考虑通过上市把10%的股权卖给公众投资者，自己成为上市公司的大股东。这个10%的股权如何定价？这个10%的股权形成不了控制权，只享有现金流权。那么这个定价是10元还是14元取决于上市后收购是否还会发生。收购能否发生，取决于上市以后的收购是否还有交易剩余，也就是是否对双方都有好处。考虑10%的股权卖出以后，公司在当前大股东控制下属于大股东的价值是90+40=130（元），公司在收购方的控制下属于收购方的价值是126+10=136（元）。因控股权转让而产生的交易净剩余为6元，因此收购依然可行。由于资本市场的前瞻性，即使在公司上市时，收购还没有发生，但是这个交易将来会发生，因此10%的股权上市其定价自然是14。控股

权的转让价格最终取决于双方的议价能力，假定大股东的议价能力较强，她将获得70%的交易剩余，即6×0.7=4.2（元）。因此，大股东通过转让控股权将获得的收入为130+4.2=134.2（元）。其中130元为大股东的基础价值，即不转让控股权可获得的价值。另外，大股东在企业上市时出售10%股票产生的收益为0.10×140＝14（元）。综上所述，大股东最终可获得134.2+14=148.2（元）的收益，超过了不上市直接交易的价值147元。这超出的1.2元是从哪里来的呢？显然是大股东由于"搭便车"获得的额外收益，0.3×（140–100）×10%＝1.2（元），这是由于先上市而取得的。特别地，如果在本例中企业的所有者将25%的股权卖给公众投资者，企业的所有者将得到总收益150元并且这个结果和大股东的议价能力无关。

从以上对一个数值例子的讨论，我们可以看到：企业的现金流权通过上市的过程公开出售给公众股东，上市的定价过程应该是透明和公开的，保证充分的信息披露，让市场力量发挥价值发现的功能。其次，对于控股权的转让，由于控股权市场非完全竞争的特点和特殊利益的存在，一个较好的转让途径可以是通过与潜在收购方进行协议谈判去实现。理想的收购方应该具有更好的管理能力，有利于增强企业竞争力，并为股东创造更大价值。由于现金流权的价值取决于控股股东的经营能力，如果收购方的经营能力能更有利于企业的发展，那么大股东是有意愿转让控股权并且获益，先上市后转让是一个很好的选择。对于一个希望实现股权转让和退出企业经营的所有者来说，如果能充分发挥股票市场的价值发现功能，他可能在股票上市（即在现金流权市场）和控股权交易的过程中，实现价值最大化。

现金流权和从控制权衍生的特殊利益在本质上很不相同。现金流权可以在股票市场上向大量分散的小股东出售，并通过股票市场进行交易。但是，由于控制权交易涉及大量的资金，只有较少的投资者可以进入争夺控制权的市场，这也就是说控制权通常是有控股股东在场外通过协议谈判转让。小股东关心的只是现金流权，而大股东关心的除了现金流权还有控制权。因此大股东的定价必然高于小股东的定价。例如把国有股的价格按净资产值来定也许能为股民接受，但是这可能很难反映控制权的价值而不为政府接受。这种分歧在一定程度上导致了2001~2002年试图通过二级市场减持国有股难以进行的困境。

对于那些关系国民经济命脉和国家安全的大型国有企业，股票市场提供了一个融资的渠道及国有资产保值增值的平台。让那些既将被民营化的国有企业上市也为国有资产保值增值提供了一个很好的平台。但是搭建这个平台的基础是一个高效率和公平的股票市场。这个市场的基本功能就是发现和评价企业的内在价值并具有前瞻功能。只有当股票价格的变化与市场对企业未来收益和经营风险看法的变化紧密联系时，股市的价值发现过程与市场参与者的理性判断和投资才能相互作用，共同推动股票市场走向有效、理性与成熟。而保护投资者利益是至关重要的。

2003年开始的中国国有银行改制上市引起了一个有关贱卖国有资产的争论。我们的银行在财务重组过程中，通过核销——

把银行原有的所有者权益、准备金和2003年利润全部转为风险准备，用于核销资产损失；剥离——把可疑类贷款出售给资产管理公司；注资——中央汇金投资公司用外汇储备向银行注资，专门用于提高资本充足率。在完成了财务重组以后，对银行进行公司治理改革，包括引进境外战略投资者，实现了在香港上市。由于银行上市后的每股价格远高于当时转让给境外战略投资者的价格，一些人就指责国家把银行贱卖给了境外战略投资者。而反驳者就说，如果当时没有先引进境外战略投资者，银行就不能以如此高的价格初始发行。我们觉得这两种回答都没有涉及资本市场前瞻性这个重要特征，因此这两方的争论不能够争论出任何结果，也不能解决任何问题。由于中国国有银行上市在当时是前所未有的事情，为了取信于投资者，确实在建设银行和中国银行上市前需要引进战略投资者。一旦这个信誉建立起来了，也就是投资者相信中国的银行通过资本市场上市这一战略决策是不会变的，那中国的后续银行上市，例如工商银行、农业银行、邮储银行等银行上市就完全可以先上市，后引进境外战略投资者。只要资本市场相信银行上市的方向不会变，由于资本市场的前瞻性，即使境外战略投资者会在将来引进，他们对银行未来经营的作用也会反映在银行初始定价里面。这也说明当时制定的"一行一策"银行上市策略并不是最优的策略，所有的国有银行上市应该是在国家层面上通盘考虑和统一安排。总之，我们的理解是，建设银行和中国银行先引进境外战略投资者后上市没有贱卖的问题，因为不这么干就不足以建立资本市场的信心。后面其他银行继续先引进境外战略投资者后上市确实是有贱卖之嫌，因为资本市场已经建立了中国的银行会上市，而且资本市场的前瞻性会把上市后再引进境外战略投资者的行为反映在IPO的股价里，也就是说不管是先引进还是后引进IPO的股价是一样的。另外，对资本市场敏感性问题要慎言，有些争论会打掉我们好不容易在资本市场建立起来的信心。

总之，资本市场定价是要把将来发生的事情也考虑进去，这和对青菜萝卜的定价是完全不一样的。我们需要资本市场帮助国有资本保值增值。国有企业到资本市场上市有不同的目的，有的要通过资本市场做大做强，有的是要通过上市后卖个更好的价钱，其目的都是国有资本的增值。但是这一切还是要靠金融体系定价机制的修复，这个应该是金融体系供给侧结构性改革的主要工作。

◎ 小结

金融供给侧结构性改革给我们提供了一个明确的方向，可以指导我们在一个混沌世界中不断认识中国金融的本质，不断寻找体系中的主要矛盾，从而使得金融体系不断地演化。在这个演化的过程中，我们的金融体系能够充分地发挥作用，支持实体经济发展，支持产业升级和区域发展，并且让金融系统的风险始终处在一个可控的范围内，而核心的问题是要修复定价体系。在过去30年，金融问题的全局性和渐进性改革的局部性始终是我们金融体系的主要矛盾，这个主要矛盾在今后一段时间还会继续存在，而金融供给侧结构性改革的主要目标就是要让我们走出困境。这个金融供给侧结构性改革必须建立在对中国金融本质的理解之上，要通过更相容的渐进性改革来解决渐进性改革带来的问题，而这一切的基础就是确保金融体系不出大事，金融体系的不稳定是可控的。

第八章
中国金融对外开放

　　2008年国际金融危机以及危机后的全球经济的大幅波动极大地影响了人们对很多问题的看法，人们对金融稳定的重视达到了前所未有的程度。基于金融稳定的重要性、金融和货币政策冲击渠道的多元化、国际金融市场的全球化，Obstfeld（2014）提出了金融政策的"三元悖论"，即金融稳定、独立的国内金融政策、金融体系的全球化，这三者是不相容的。金融的全球化长期以来一直被认为是可以提供更好的风险共担机制，降低系统风险，从而降低企业的融资成本，更好地推动实体经济的发展。而金融政策的"三元悖论"揭示了金融市场全球化对金融稳定的影响以及对一国独立的金融政策的影响。一个国家的金融是否稳定对企业的融资成本和实体经济的发展是极其重要的，因为金融不稳定可能会形成一些新的系统性风险。把金融全球化和金融稳定联系在一起考虑，从金融的角度，尤其从风险和收益的角度看，是值得认真考虑的。学术界的这些讨论反映了人们对金融国际化可能会影响金融稳定的担忧，也使得我们对金融全球化的作用有了新的看法，这些都具有重要的政策制定含义。我们的金融开放一直在路上，但是如何把金融开放和金融稳定系统一并思考还是不够的，尤其是把这个思考和中国金融的本质联系起来更是缺乏的。

在本书第六章中，根据我们提出的中国金融体系的主要矛盾，金融问题的全局性与我国渐进性改革的局部性之间的矛盾，比较全面地阐述了中国金融体系在本质上是一个不稳定的系统，中国金融稳定发展面临的是对一个不稳定系统的稳定性控制问题。从这个主要矛盾出发，不仅仅国内金融政策有可能使中国已经不稳定的金融体系变得更加不稳定，全球金融市场的冲击自然也会加剧中国金融体系的不稳定。另外，为了应对全球金融市场的冲击，我们采取的各种对冲或缓解政策，以及改革措施也许会造成叠加，造成更大的不稳定。这些问题应该得到充分的重视，因为这些涉及中国金融的本质的问题，在中国金融对外开放过程中持续发挥着基本的作用。改革与开放是中国经济转型和发展的基本策略，改革和开放两者并重，互相促进，改革促进开放，开放倒逼改革。然而中国金融体系的稳定问题又是和我们改革开放的整个过程，尤其是渐进性改革举措紧密相关。因此在中国讨论所谓金融政策的"三元悖论"时，重点是改革开放的渐进性发展策略和金融稳定相互影响的动态关系，而不仅仅是考虑金融稳定、独立的国内金融政策、金融体系的全球化这三者的静态关系。因此从根本上讲，在中国讨论金融政策的"三元悖论"，主要是关注在渐进性改革的框架下，研究金融稳定和改革开放过程中的金融政策。讨论我们国家的金融开放一定要和整个渐进性改革过程联系在一起，不是简单地为了开放而开放。在这一章，我们会把我们前几章的研究框架拓展到金融全球化，寻找问题的根源和解决方案。为了使得问题的讨论比较完整，我们会首先介绍一下有关经济和金融全球化的过程及其相关讨论，其次我们会把墨西哥1994年因为全球化导致的危机及其相关的"比索问题"作为一个具体的案例进行讨论。最后我们描述中国金融对外开放的历史演进和我们关注的一些问题，尤其是由于中国金融体系的三大板块的构成，或者是中国金融体系"离岸"和"在岸"两大板块的构成，探讨国际金融冲击对中国金融体系影响的路径，阐明能否降低企业的融资成本是评判中国金融改革开放中每一步成功与否的标准，我们还选用了在亚洲金融危机、2008年国际金融危机以及最近新冠肺炎疫情中的一些案例进行讨论。

◎ 经济和金融全球化

金融全球化相对于经济全球化起步较晚。一般认为，经济全球化可以大致分为几个阶段：第一代经济全球化1870~1914年，先进的交通运输系统、通过谈判降低关税壁垒等，提高了主要工业化国家的生产效率，增加了商品以及资本诸要素的全球流动性。全球进出口以每年8%的速度递增，相当于全球GDP增长的两倍。第一代经济全球化大倒退年代1914~1939年，主要是由于两次世界大战和全球经济大萧条。第二代经济全球化从1960年至现在，先是在GATT

框架下，北美、欧洲和日本通过多边贸易自由化谈判，恢复了贸易关系。然后是一些重要的发展中国家纷纷选择增加进出口贸易、改善投资环境以及对境外直接投资开放等措施，推动了经济全球化。金融全球化基本和第二代经济全球化相重合。

在全球化文献中，很多人似乎更加关注全球化造成的负面影响。就收入和工作安全而论，发达国家的非熟练工人面对经济变化和技术进步已变得无所适从。全球化对资本流动、产业链、收入分配、环境政策、地缘政治都产生了深刻影响。对全球化的负面评价大多来自发达国家，多数学者对全球化引起的劳动力和资源占有权的再分配效应表示忧虑。全球化对发展中国家的影响同样充满矛盾，少数发展中国家驶上了全球化快车道，绝大多数发展中国家却日益被边缘化。全球化加速了"富人越富，穷人越穷"和"富国愈富，穷国愈穷"的马太效应。少数发展中国家，如中国、印度和墨西哥经济发展得益于全球化，这些国家庞大的贫困人口数量大幅降低。但是全球化对大多数发展中国家而言意味着边缘化和挑战。其实主要的问题就是生产要素的流动性问题。在全球化过程中，资本可以在全球快速流动，寻找比较高的边际回报率，而劳动力的流动性就很低，发达国家劳动力的边际回报，即劳动者的工资一般会趋于下降。如果把信息也看成生产要素，信息的流动性也是很高的，当然已经形成固定资产的资本流动性也是较低的。这种生产要素流动性的巨大差异，造成了全球化的尖锐内在矛盾，持有资本的群体会越来越富有，而仅仅具有劳动技能的群体会越来越贫穷，这就会形成一股反经济全球化的巨大力量。解决好这个问题是继续推动经济金融全球化所必需的。本书主要是分析中国金融体系，提出中国金融体系的主要矛盾是金融问题的全局性和渐进性改革的局部性。在全球化的体系内，至少其中一个主要矛盾就是资本流动的全球性和劳动力要素流动的本国局部性之间的矛盾。中国金融体系的主要矛盾和全球化的基本矛盾的分析似乎有着相似的地方。总之，全球化是全球市场下资本和劳动力的更有效率的配置，其基本矛盾在于资本和劳动力的不对等，尤其是在流动性方面的不对等，资本驱动下劳动力必将受到压迫，因而经济全球化进程不可能是一帆风顺的，必将是有退有进，有快有慢的，而且全球化秩序也不会是一个稳定的体系，各种冲突也是常态。

　　经济和金融全球化的一个重大隐患就是金融风险的快速传染从而引发全球金融危机，使得经济运行的不确定性大幅增加。在经济全球化过程中各国经济的相互依赖性已经很强，不少国家的对外贸易依存度已超过30%，并且逐步形成了全球相连的产业链。一个国家的产业发展会影响到其他国家的产业发展，进而很快影响到与其具有紧密贸易和投资关系的国家。任何一个国家的内部失衡都会反映成为外部失衡，或者其他国家的失衡，极有可能将所有国家不同程度地引入失衡与危机的境地。凯恩斯曾经认为金融主要还是国内的为好，估计其本意就是为了防范金融风险跨境传染。发达国家的金融机构一般都希望能够打开发展中国家金融市场的大门，这有利于发达国家的投资者进一步在全球市场分散风险。当然在这个过程中，对发展中国家也许会有一些好处，例如可以和发达资本市场接轨、获取境外资本等。但是一些发展中国家在金融全球化的进程中出现过比较大的问题，其弊端也是显而易见的。由于资本有可能快速从发展中国家撤离并且产生一系列的影响，在极端情况下新兴市场的金融对外开放可能会导致经济的崩溃。金融全球化对发展中国家是否会带来经济效益实际上也是不很清楚的，另外，开放的过程也是人们所关心的。在一个新兴经济金融全球化的早期，一般是处在经济高速增长伴随着低通胀。于是就开始搞内部金融自由化，主要是放松利率及贷款额度管制，然后是实施外部金融自由化，主要是放开资本项目和金融全球化。发展中国家发生金融危机往往是和金融自由化/金融全球化过度开放相关联。

在实际当中，人们看到的是2007年美国的次贷危机，很快传染到整个欧洲地区以及东南亚，随后又波及拉美地区，形成了全球性金融动荡。2019~2020年的新冠肺炎疫情更是造成了全球各地的产业交替停摆，并且引发人们认真考虑未来去全球化和产业链收缩的可能性。其他的例如20世纪60年代的美元危机，20世纪70年代初布雷顿森林体系的瓦解，20世纪80年代初的拉美债务危机，20世纪90年代初的欧洲货币体系危机，1994年的墨西哥危机，1997年的东南亚金融危机都是明显的例子。

◎ 墨西哥危机以及"比索问题"

墨西哥危机是指1994年12月至1995年3月，墨西哥发生的一场比索汇率狂跌、股票价格暴泻的危机。1994年12月19日深夜，墨西哥政府对外宣布，本国货币比索贬值15%。这一决定在市场上引起极大恐慌。外国投资者疯狂抛售比索，抢购美元。12月20日汇率从最初的3.47比索兑换1美元跌至3.925比索兑换1美元，下跌13%。21日再跌15.3%。伴随比索贬值，外国投资者大量撤走资金，墨西哥外汇储备在20日至21日两天内锐减近40亿美元。从20日至22日，短短三天时间，墨西哥比索兑换美元的汇价就暴跌了42.17%，这在现代金融史上是极其罕见的。那时在墨西哥的外资，有70%左右是投机性的短期证券投资，资本外流对于墨西哥股市下跌起到了决定性的作用。12月30日，墨西哥股市IPC指数跌6.26%。1995年1月10日更是狂跌11%。到3月3日，墨西哥股市IPC指数已跌至1500点，比1994年危机前最高点2881.17点下跌了47.94%。为了稳定墨西哥金融市场，墨西哥政府推出了紧急经济拯救计划，包括尽快将经常性项目赤字压缩到可以正常支付的水平，迅速恢复正常的经济活动和就业，压低通货膨胀到尽可能小的程度，向国际金融机构申请紧急贷款援助等。为帮助墨西哥政府渡过难关，减少境外投资者的损失，美国和国际货币基金组织等国际机构决定提供贷款，支持墨西哥经济拯救计划，以稳定汇率、股市和投资者的信心。直到以美国为主的500亿美元的援助逐步到位，墨西哥的金融动荡才于1995年上半年趋于平稳。

在墨西哥危机中，本国货币的大幅度贬值和本国股票市场的大幅下跌同时出现，这一现象后来在1997年的亚洲金融危机中也出现过，不少东亚国家和地区也因此遭遇了巨大损失。对这个现象的解释也许可以参考著名的"比索问题"。在20世纪80年代，有人在研究墨西哥的资本市场收益率时，发现墨西哥的平均资产收益率（按比索）持续高于美国的同类资产（按美元），一般来讲这是很难解释的。于是有人就去寻找货币因素，把这归结为人们对墨西哥比索在未来贬值的预期。在当时很多人认为比索的币值被高估了，基于这样的判断，于是大家预期比索在未来的某一天必定要贬值。因此比索资产的平均收益率必须要高一些，用来补偿未来比索的贬值。这一现象被称为"比索问题"。在这个问题中，币值高估使人们预期货币在未来会贬值，导致资产收益率提高；这会引起更多的外资流入，进而推动比索的汇率进一步上升；人们更加相信比索在未来某一天一定会贬值，而且贬值幅度将更大；这就要求比索资产提供更高的收益率。在这个过程中，比索的汇率不断上升。这样的循环就会将比索汇率推到一个不可维持的高水平上。一旦资本市场无法提供外资所要求的高收益率，就会导致外资大规模外逃，因此货币急剧贬值。在这个过程中贬值的预期也就得到了自我实现。这个说法，也许在一定意义上解释了1994年墨西哥危机和1997年亚洲金融危机的起因。这也表明一旦实行金融对外开放，汇率主要就是由资本市场决定的，和一般讨论的宏观因素关系不大。

◎ 中国金融对外开放的演进

在中国金融逐步开放的过程中，主要是做了三件事。一是外资在中国金融机构持股比例的不断增加，最终可以让外资控股。2020年4月1日起，外资可以进入中国开设证券、保险、期货等领域的企业，而且可以是100%出资，也可以100%收购国内相关领域的企业。二是对外资逐步开放中国资本市场，通过先引进外资机构投资者后外资个人投资者，先设定比较狭窄的投资通道后比较宽敞的投资渠道，最终对外资全面开放资本市场。三是人民币国际化，2019年，人民币国际化走过十年历程。十年来，人民币国际化秉承"促进跨境经贸投资便利化"宗旨，不断提升服务实体经济水平。

1978年实行改革开放后，计划经济体制下的"大一统"金融格局被打破，为配合外贸发展、吸引外资，金融业实施局部有限的开放。1980年日本输出入银行在我国设立首家代表处，1981年南洋商业银行设立首家营业机构，1985年开始允许在经济特区设立营业机构，同年成立首家合资银行——厦门国际银行。1996年、1998年分别批准上海、深圳外资银行试点经营人民币业务，1998年批准8家外资银行开展人民币同业拆借、债权买卖和回购。在保险业方面，1980年美国国际保险集团和日本东京海上火灾保险公司率先在北京设立联络处。1992年在上海成立首家外资保险公司——美国友邦保险上海分公司。1994年平安保险吸纳美国摩根士丹利、高盛入股，成为首家外资入股保险公司。此后日本、瑞士、德国、法国等多家保险公司相继进入我国。在资本市场开放方面，1991年上海、深圳证券交易所推出B股试点，1992年首家B股上市公司——上海真空电子器件向境外发行股票。

1995年建行与摩根士丹利设立首家合资投行——中国国际金融有限公司。在外汇制度改革方面，实行外汇留成制度，允许外资企业全额保留外汇、意愿结汇。1980年后建立全国和各省外汇调剂中心，各省自行确定外汇调剂价，同时公布全国外汇调剂价。1994年建立全国统一的银行间外汇交易市场，实行有管理的浮动汇率制度，实现经常项目下人民币有条件兑换。1996年接受国际货币基金组织协定第八条款，实现经常项目下人民币完全可自由兑换。

2001年12月中国加入世贸组织，金融业进入全面开放加速期。外资机构大量进入。2006年实施《外资银行管理条例》，允许外资银行以独立法人存在，享受国民待遇，标志银行业进一步开放。金融业务及市场国际化加速。引入外资参股入股。2001年允许外资设立合资证券投资基金公司、参股证券公司，2012年提高外资持股比例至49%。2004年保险业率先全面开放，取消外资保险经纪公司外资持股比例限制，扩大合资人身险公司外方股东持股比例，允许外资非寿险公司经营法定保险业务以外的全部非寿险业务，允许外资人身险公司经营全面寿险业务，取消外资保险公司向指定再保险公司分保要求。2005年后除外资财险公司不得经营法定保险外，已享受国民待遇。2012年对外资开放交强险。2003年发布《境外金融机构投资入股中资金融机构管理办法》，允许外资战略入股中资银行。2009年末，20余家中小商业银行引进战略投资者，29家非银行金融机构引进27家境外投资者。2002年允许设立QFII，瑞士银行和野村证券株式会社成为首批QFII，此后相继推出QDII、RQFII。汇率改革继续深化。2005年实行以市场供求为基础、参考一篮子货币调节、有管理的浮动汇率制度，2007年取消经常项目外汇收入限额管理，2008年允许境内机构、个人将外汇调回境内或保留在境外账户，2013年对服务贸易项下国际支付不再限制。人民币国际化加速推进。2008年后陆续与19个国家和地区货币当局签署货币互换协议，2009年公布《跨境贸易人民币结算试点管理办法》，逐步推行人民币离岸中心、双边本币互换、人民币跨境支付系统等制度。相继出台外资银行、外资保险法规规章，参照国际惯例和规则修订制定国内监管制度，逐步接纳巴塞尔委员会对银行业审慎监管、有效监管、持续监管等原则。2012年以来资本市场相继推出RQDII、"沪港通""深港通""债券通"，A股被纳入MSCI新兴市场指数和全球基准指数。自从2005年人民币汇率改革启动后，人民银行一直在推动逐步扩大人民币汇率波动区间。2015年8月11日，人民银行启动了新一轮汇率改革，开始了从扩大汇率波幅到闯关汇率定价的改革。由于各种原因，包括美国退出量化宽松货币政策，以及中国实体经济的持续低迷，人民币汇率经历了2015年下半年和2016年的波动，主要是贬值的趋势，中国面临较为严峻的跨境资本流出形势，一些相应的有关资本跨境流动管制措施和"窗口指导"也随即出台。人民币对美元汇率中间价报价机制持续改进，2016年明确"收盘汇率+一篮子货币汇率变化"中间价形成机制。人民币加入SDR货币篮子，成为全球第五大支付货币。牵头成立亚洲基础设施投资银行、金砖开发银行，设立丝路基金等，在国际金融领域扮演越来越重要的角色。

值得一提的是，在金融开放的早期，我们引进的外资主要是境外直接投资资本（FDI），香港这个平台发挥了巨大的对内地辐射的作用。早期在中国的私募股权投资机构主要是外资公司，这些外资公司几乎垄断了这个市场。随着中国越来越重视高新技术产业的发展，在2000年前后，中国本土的私募股权投资机构开始起步，经过20年的积累，中国也已经涌现出来一批优质的本土的私募股权投资机构，促进了中国高科技企业的发展。这也可以算作是中国金融开放的一大收获，使得我们私募股权投资产业从无到有。应该说在私募股权行业的发展中，民营资本发挥了较大的作用，当然政府也发挥了不少作用，目前业务领先的这类机构中，有不少是民营机构，相对于其他主要的金融行业是非常突出的。

中国金融的国际化遵循逐步开放的原则。截至2019年初，外资银行资产占全部商业银行资产的比重为1.6%，外资保险公司占比为5.8%。目前，在中国的债券和股票市场中，外资持有比重仍然比较低，在两个市场的占比都只有2%~3%，这个水平不仅明显低于发达国家，也低于一些主要的新兴市场国家。外资占比比较低的原因是非常复杂的。在进入世界贸易组织初期，外资在银行占比曾经达到过2%，此后的外资占比下降和中资及外资银行的经营理念和风格有关。例如，2005~2013年，在中国房地产价格快速上升的过程中，外资银行认为中国房地产金融的风险很高，因此很早就采取了非常谨慎的态度，因此也就失去了很多机会。另外，外资银行的业务范围也比较狭窄，主要是专注和母国相关的业务。中国监管部门在2011年对外资银行贷存比的要求显示了外资银行获取存款的劣势，国际金融危机的影响使得外资银行从境外批发进来的理财产品缺乏吸引力，中国银行监管理念和国际接轨以及中国特色元素的融入导致外资银行的优势逐步弱化。很多人认为也许外资银行本土化是在中国的出路，最重要的是要抓住时机和抢夺关键人员。外资银行和内资银行趋同是一种必然。至于外资在我们的股票市场占比不高，我觉得主要还是由于我们股票市场的特性。我们的股票市场是一个新兴市场，按照资产类别分类应该属于另类投资产品，也就是我常说的此股票市场非彼股票市场。对那些按照规定需要规避另类投资产品的外资机构，这是一个限制。即使以后A股对境外个人投资者开放，如果我们的市场没有根本上的变化，我们还是会遇到同样的问题。

2019年，人民币国际化已经走过十年历程。十年来，人民币国际化秉承"促进跨境经贸投资便利化"宗旨，不断提升服务实体经济水平。此外人民币储备规模在全球外汇储备中的占比也在不断提升。国际货币基金组织（IMF）公布的数据显示，截至2019年第二季度末，官方外汇储备币种构成调查（COFER）报送国持有的人民币储备规模为2176.4亿美元，在整体已分配外汇储备中占比1.97%，创IMF自2016年10月报告人民币储备资产以来最高水平。人民币已成为全球第五大储备货币。但是人民币国际化的道路依然漫长。相比金融市场的天量交易量、全球的外贸交易量，人民币储备规模只是一个零头。目前国际金融市场上的交易，主要使用的货币仍然是美元和欧元。由此可见，中国资本市场的国际化和人民币国际化是互相促进和相互依赖的。没有金融市场的国际化，人民币国际化基本就做不到。但是由于我们金融体系的主要矛盾以及所导致的不稳定特征，使得我们金融市场的国际化进程比较缓慢。至于管理层关心的境外资金的大进大出和"热钱"炒作，在很大程度上也是由于我们金融体系中存在的结构性套利机会以及等价的定价机制缺失所导致的。

◎ 香港在中国金融开放中的历史作用

在改革开放初期，采取对外开放政策主要是为了引进境外资金、技术和管理模式，推动国内发展。香港在这个过程中发挥了巨大的作用。改革开放政策实施不久，大批港商跨越罗湖桥，奔赴内地，兴业投资。从此"港商"成为一个伴随中国改革开放的弄潮儿。改革开放以来，香港一直是内地最大的直接投资者，一直扮演"走出去"与"引进来"的关键桥梁与窗口角色。改革开放初期，中国首批外资直接投资来自香港企业，第一家中外合资企业来自香港，第一家五星级酒店也由香港商人投资，中国国航最早的机上食品也是由港商投资提供。当时比邻香港的广东珠江三角洲地区，作为全国改革开放的前沿阵地，香港的企业家第一时间就带着资金、技术把制造业北移，从只有一河之隔的深圳开始，向东莞、广州等地区迈进，参与缔造了珠江三角洲的经济奇迹。在20世纪80年代初期，港商大部分集结在珠江三角洲，直到

80年代后期，港商开始转战长三角即江浙一带投资及发展。在珠江三角洲投资的港商，规模较小，产业较多元化；而在长三角，以较大规模的产业投资为主。港商已经在珠三角及长三角驻足，参与两个繁荣经济圈的建设。

香港不仅是内地最大的直接投资者，通过香港的资本市场内地也获得了大量的资金。1993年7月15日，青岛啤酒作为第一个在香港交易所上市的境内企业，开启了H股市场的历史。红筹股是港股市场上一大特色品种。如果一家上市公司股东权益的大部分直接来自内地，或具有内地背景即中资控股，这类在中国境外注册、在中国香港上市的股票被划入红筹股行列。真正开启红筹概念的则是1992年第一家首次公开募股（IPO）中资企业——招商局国际有限公司。1996~1997年，深业控股、越秀交通、中国电信陆续上市，红筹股开始被市场热炒，红筹股板块正式确立。1997年，恒生指数服务公司编制恒生红筹股指数。地方政府和中央部委通过窗口公司引进各地需要的资金和技术。通过窗口公司发行股票或者债券获得的资金一般都会注入内地的大型建设项目。例如上海浦东开发修建大桥需要资金，一种可行的融资渠道就是把大桥注入上海实业控股，与此同时上海实业控股在香港做定向增发用于获取修建大桥所需的资金。

香港联交所是大量中国内地背景公司上市的地方，这些上市公司包括很多国有控股企业和民营企业。香港也成为内地金融机构聚集的地方，内地主要的银行、证券公司、保险公司都在香港设有子公司。近几年建立的沪港通和沪深通又成了中国资本市场对外开放的渠道。香港也是中国资本"走出去"的重要通道。由于各种原因，所谓的"G2G"，即政府平台对政府平台的资本运作是不太好操作的。香港的一些金融机构近年来在这方面扮演重要的角色，作为金融中介通过建立投资基金连接这两个平台，同时也作为基金管理机构介入。最后香港也是主要的人民币离岸中心。香港的商业银行接纳人民币存款，可以做人民币与各种外币的交易业务，人民币也可以通过RQFII等金融产品进行投资。

由于香港的特殊地位，把上面提到的各种事实放在一起考虑，香港的金融板块可以被称为中国内地的离岸金融板块。这个板块和我们的中央监管的银行证券保险板块以及地方政府监管的地方准金融构成了中国金融体系的三大板块。我们在本书第四章中提到由于内地和香港实行"一国两制"，香港板块的存在，会使得我们的金融体系互相不兼容，从而产生套利机会，进而影响定价体系的建立。这个不兼容的存在，会对我们的金融对外开放带来一些特殊的影响，是值得我们特别关注的。

◎ 进一步的金融对外开放目标

进一步的金融开放首先要明确金融对外开放的目标是什么，什么是判别金融对外开放取得有效进展的标志，其实金融改革取得进展的标志也应该是一样的。从发挥金融功能的角度考虑这个判别标准就是，每一步的改革和开放是否降低了企业的融资成本，这既包括小微企业也包括高科技企业。降低企业融资成本是金融支持实体经济的主要方式，也是提高国家竞争力所必需的。金融改革开放和降低企业融资成本的关系主要表现在对两个方面的考虑：资本市场是否更好地提供了分散风险的功能，金融机构是否能够在减少信息不对称性和道德风险方面取得进展。前者主要是考虑进一步降低市场系统性风险，后者主要是考虑进一步降低信用风险，通过这两者的实现都可以降低企业的融资成本。前者和资本市场对外开放有关，后者与金融机构对外开放有关，这两者都与金融对外开放有关。资本市场的主要作用，其实就是提供了一个分散风险的场所，从而减少企业的融资成本。资本市场分散风险的能力越强，企业的融资成本就会越低。在这个意义上，中国多层次资本市场的建立，以及人民币国际化的举措，都有利于降低企业的融资成本。

我们注意到，国外有一些研究比较境外的股票市场建立前后的融资成本，一般结论是股票市场建立后的企业融资成本确实是降低了，也就是说股票市场发挥了应该发挥的作用。一般的理解是如果扩大投资者的可投资资产范围，也许可以进一步分散系统性风险，从而降低期望投资回报率，进而降低企业的融资成本，这也是常常被人们用来说明金融对外开放的好处。但是由于金融对外开放会进一步增加本国资本市场对全球金融市场波动的风险暴露，特别是如果考虑资本市场流动性的急剧变化，是否还能降低企业的融资成本。只是到目前为止，在资产定价理论研究中同时考虑市场风险和流动性风险定价的系统研究还不多见，所以这个问题的回答也是不清晰的。

同样，对于金融机构的市场化改革，其成效最终也是体现在是否降低了企业的融资成本。传统的金融机构理论，强调金融机构的主要作用就是减少经济体系中的信息不对称性和道德风险问题。信用风险的主要来源是信息不对称性和道德风险，而信用风险又是决定企业贷款成本最重要的因素。如果金融机构改革效果明显，能够使得金融机构充分发挥应有的作用，也就是减少经济体系中的信息不对称性和道德风险，其结果就是降低了企业的融资成本。对外资开放我们的金融市场，是否能够在减少信息不对称性和道德风险方面取得进展呢？外资在其本国有不少成熟的做法，也推出了很多金融创新工具，因此我们有理由相信外资控股金融机构会推动中国金融机构更好地发展。但是由于我们的情况很特殊，境外机构虽然有比较好的理念甚至比较好的工具，但是不一定在中国市场能够做好。如果业务做得不好，再好的理念也不会发挥应该有的作用。在这一方面，广发银行在2006~2016年的发展历程就是一个例子。

广发银行1988年9月成立，是中国的一家股份制商业银行，2006年，广发银行成功完成改革重组工作，根据广发银行与花旗财团在广州签署的战略投资与合作协议，花旗集团和IBM信贷、中国人寿、国家电网、中信信托、普华投资等国内外企业组成投资者团队，出资242.67亿元人民币，认购重组后的广发银行85.5888%的股份。其中，花旗20%，中国人寿20%，国家电网20%，中信信托12.8488%，普华投资8%，IBM信贷4.74%。根据股东协议，银行的日常经营和管理由花旗主导。为此花旗派出了

16个人的管理团队，在16位董事会中占有6席。广发银行以引进境内外投资者为契机，完善公司治理和内控机制，学习和借鉴先进的银行服务理念、管理经验以及产品研发和维护技术，切实提高创新能力和经营管理水平，为社会公众和中国经济发展提供优质金融服务，致力于打造成为具有强劲的创利能力、雄厚的资本实力、卓越的品牌形象、领先的科技、先进的内部控制，令股东、客户和员工满意的现代化商业银行。但是10年后，2016年3月1日，中国人寿发公告称，公司与花旗集团及IBM Credit签订了相关收购协议，拟以6.39元/股的价格，合计收购后者持有的广发银行36.48亿股，总对价约为233.12亿元。交易完成后，公司将持有广发银行约67.29亿股，持股比例将由20%增至43.686%，成为广发银行单一最大股东。花旗集团的退出显然与广发银行内部的国资与外资之争有关，也和近年来中资银行发展迅猛，加上本土优势和互联网金融、金融科技等的影响，外资银行在与中资银行直接竞争中处于劣势，这直接影响外资银行在中国的发展。广发银行在花旗主导的10年，正好是中国房地产业大发展的10年，由于经营理念的限制，广发银行在房地产业不是很进取，从而影响了业绩的发展。一般来讲，外资银行更擅长为企业提供跨市场的资金、投资、管理等服务，在中国存在一些市场契合的问题，有"水土不服"的症状，在中国想获得辉煌的业绩是不容易的。更重要的还是在中国的外资银行的高管一般都是母行的中层管理人员，不一定具备深度的战略思考能力，可能只具备执行母行意图的能力，他们可能对中国的经济金融基本情况缺乏理解，我们在这本书讨论的很多中国金融基本理念，对外资金融从业者应该是很陌生的。在现阶段，中国很多银行在金融科技建设上投资巨大，在中国的外资银行基本上很难做到的，这显然又是对在中国的外资银行一个巨大挑战。

在今后一段时间，中国会大力鼓励原创性的高科技发展，而降低融资成本对促进技术创新是非常重要的。技术创新不仅是单个企业的决策，更是国家战略。对技术创新的定价，一般是要对提供技术创新的企业以及采用技术创新的企业作全面的分析。人们尤其注意到技术创新一般不是一个孤立的事件，而是一个不间断的创新过程。例如，移动通信技术的第一代、第二代、第三代、第四代……（1G、2G、3G、4G…）因此一个技术创新过程是一个提供和采用技术创新的复杂交互过程。如果企业的融资成本较高，一些关键投资就会在复杂的决策过程中被放弃，从而影响整个技术创新过程。20世纪80年代，日本在家电和汽车等方面曾经全面超过美国，当时在美国学术界和业界提出的一个重要问题，就是日本企业的融资成本是否低于美国企业的融资成本，从而使得日本的企业可以在研发等关键领域有更多的投入，使得日本的企业更具竞争力。一些研究表明，企业在这两个国家，如果分别按照股权融资成本和债券融资成本来看是差不多的，这也体现了资本市场全球化的特性。但是一个重要的观察是，有证据表明日本的企业相对于美国企业用了更多的债券融资，一般来讲股权融资成本要高于债券成本的，从而使得日本企业的整体融资成本要低于美国。

由于货币政策的差异和其他的原因，近年来大家都关注到境外包括香港在内的无风险利率相对于内地的无风险利率比较低，这也同样地传导到贷款利率，因此境外的债券融资成本可能低一些。国内的机构和个人一般也希望有办法在境外做债券融资。几年前设立的前海深港现代服务业合作区把金融创新作为一个重要的方向，面对一条罗湖河相隔的两个不同融资成本的局面，当时设想前海的一个重要工作就是发挥前海的特殊区位优势和功能，拉近深港两地的融资成本，从而对降低内地的融资成本发挥一定的作用。虽然前海推出了各种前海和香港两地跨境金融安排，但是深港两地的融资成本并没有被拉近，两地的融资成本差异恰恰形成了一个结构性套利机会，好处应该基本都让入驻前海的金融机构拿走了。过去通过香港辐射深圳和内地产业的有效办法在金融领域不一定有效，究其原因还是金融问题的全局性所决定的。各地自贸区对外放开及对内管住的政策，在金融方面不容易实施，往往会为金融机构或者有办法的人提供结构性套利机会。

◎ 从汇率"不可能三角"到金融稳定"三元悖论"

1997年，泰国、印度尼西亚、韩国等相继发生金融危机。这些原先实行固定汇率制的国家在金融危机中被迫放弃了固定汇率。1999年，克鲁格曼在蒙代尔—弗莱明模型的基础上，结合对亚洲金融危机的实证分析，提出了"不可能三角"，即一个国家不可能同时实现资本流动自由、货币政策的独立性和汇率的稳定性。也就是说，一个国家只能拥有其中两项，而不能同时拥有三项。如果一个国家想允许资本流动，又要求拥有独立的货币政策，那么就难以保持汇率稳定。如果要求汇率稳定和资本流动，就必须放弃独立的货币政策。

蒙代尔—弗莱明模型是国际金融中最重要的模型之一，在此基础上的"不相容三位一体"的成立，都需要满足两个基本条件：首先，一个国家的货币政策必须独立于财政政策。假如两者不独立，二者本质上就成为一个政策工具，无法独立实现不同的政策目标，宏观经济政策组合就少了一个自由度；其次，一个国家必须具备发达的资本市场和货币市场，本国个人和企业能够以本币进行国际借贷和汇率风险对冲。假如本国没有发达的资本市场和货币市场，本国企业（尤其是进出口企业）无法有效对冲汇率风险，那么国际资本流动（尤其是国际投机热钱）对本国货币需求、货币供应量、资产价格，必将造成巨大冲击，从而极大地削弱宏观政策效果，蒙代尔—弗莱明模型的基本结论也就不再成立。显然这两个条件在目前的中国不完全满足，因此我们的政策组合需要考虑"不可能三角"的影响，但是也要清楚地意识到其所需要的条件。有关"不可能三角"的分析表明，资本自由流动、货币政策独立性和汇率稳定不一定都是完全不可能的，而是可以根据一国的政治、经济、金融等诸多因素，在有限的资本流动、有限的货币政策独立性和有限的汇率稳定之间进行权衡。

2008年国际金融危机后，人们意识到仅仅依赖汇率的变化无法完全抵御境外金融和货币政策的冲击。Rey（2013）提出了"二元悖论"，认为货币政策的独立性和资本自由流动只能选取一个，与汇率制度的选取无关。2008年国际金融危机极大地影响了人们对很多问题的看法。基于金融稳定的重要性、金融和货币政策冲击渠道的多元化、国际金融市场的全球化，IMF首席经济学家Obstfeld在2014年提出了金融政策的"三元悖论"，即金融稳定、独立的国内金融政策、金融体系的全球化，这三者是不相容的。金融政策的"三元悖论"揭示了金融市场全球化对金融稳定的影响以及对一国独立的金融政策的影响。这个结论主要是基于实证研究和观察得出。如果简单地按照金融政策的"三元悖论"来理解，为了金融稳定和执行独立的国内金融政策，暂时控制金融国际化进程的速度是必需的。但是中国的金融稳定问题是非常特殊的，中国的金融稳定、国内金融政策以及金融开放政策三者的关系极其复杂，值得深入研究和探讨，另外在整个过程中，中国的巨量外汇储备发挥了维持金融稳定的重要作用。

◎ 境外冲击影响金融体系的渠道

Obstfeld（2014）展示了发达国家影响新兴市场金融体系的三个主要渠道：首先是通过直接的利率连接渠道。这是一个最基本的国际金融市场连通的渠道，即通过跨境无套利行为导致利率的联系。发达国家传统的货币政策工具之一，就是直接调控短期利率，从而影响整个利率期限结构，进一步影响资产组合构成的变化，而这种变化会影响到汇率、境外资产价格、外国资本账户以及外国宏观政策。在2008年国际金融危机中，各国都动用了货币政策和财政政策用于缓解金融危机对经济的冲击，美国等西方国家的基准利率比我国的基准利率要低不少，伴随的是人民币升值和境外资金的大量流入。

境外大量资金的流入是通过做利差交易（Carry Trade）。利差交易是金融全球化的产物。在汇市日均成交3万亿美元中，利差交易占近半。日元及瑞士法郎等低息货币是典型的可以用来与美元做利差交易的货币。如果美元升值，除利息获利外，汇率也获利；即使美元贬值，只要贬值额不超过利息差，仍然获利（当然会小于汇率不变时的获利）。利差交易的风险在于汇率变动。若日元升值，利差交易者买回日元偿债的成本就会升高，如果日元升值幅度超过利差幅度，利差交易者就会亏钱。因此利差交易者可能就会匆忙卖掉在全球各地配置的股票、债券等资产，买回日元。这将使日元加速升值，也让股市跌得更多。因此日元利差交易的退场，也被视为一些股灾的重要原因。金融实证研究表明，对比两个国家的基础利率，基础利率高的国家其货币一般倾向于升值。这显然和一般的抵补利率平价（Covered Interest Rate Parity）的简单推测不一样。抵补利率平价是指可以在外汇远期进行抵补，其经济含义是，汇率的远期升（贴）水率等于两国货币利率之差，并且高利率货币在外汇市场上表现为贴水，低利率货币在外汇市场上表现为升水。对此实证研究结论的解释比较复杂，与Fama的远期利率溢价难题（Forward Rate Premium Puzzle）相关。利差交易趋势和股票市场趋势从长期看有很强的相关度。但是短期的相关性不大。其次是金融周期渠道。和货币政策一样，金融周期的影响也是跨境传递的。风险偏好的变化、金融环境的变化等都会对汇率、资产价格、资金流动产生影响。不同经济体受到全球金融周期影响的程度存在差异。美国是全球金融周期的决定性力量，其国内货币政策结合风险偏好的变化影响美国的金融条件，进而影响全球的金融周期。最后是外币信贷渠道，如果一个新兴市场国家银行参与了全球美元借贷活动，那么美联储的货币政策和美国的金融情况将会影响该国银行的资产负债表和信贷活动，该国的汇率和资产价格也会受到影响。

　　由于中国定价体系的扭曲，通过这三条渠道，发达国家的宏观政策的变化及其国际资本对中国金融体系的冲击应该是更为严重的，而这种冲击会使得我们已经不稳定的金融体系变得更为不稳定。

　　以及这些冲击通过通常的渠道影响中国的利率、汇率等金融变量，金融经济的周期，货币政策和财政政策等。这种冲击还会通过一些特殊渠道影响我们，尤其是通过金融体系监管分割的三大板块影响中国。冲击首先会直接影响离岸人民币的利率和汇率，直接影响在香港联交所上市的H股和红筹股的股价，直接影响内地各大金融机构在香港的子公司。通过H股和A股的关联，通过沪港通和深港通这两个股票联系通道，从而进一步影响A股，在岸和离岸人民币利率和汇率的动态变化，从而影响结构性套利行为和监管政策的变化。而所有这些都会影响我们金融体系的稳定性。其次，由于跨境结构性套利行为的长期存在，通过这三条渠道的变化会直接影响跨境结构性套利的环境以及结构性套利行为的变化，从而加速资金的跨境流动和流向的迅速逆转，对金融体系的稳定性产生更大的冲击。以下是一些例子，记录了在亚洲金融危机，2008年国际金融危机，以及2020年新冠肺炎疫情中，境外冲击对中国金融体系的影响。

◎ 境外冲击影响中国金融体系的例子

自1997年5月开始的亚洲金融危机，对香港经济形成很大冲击，在香港经济中占有一定地位的中资企业也未能幸免。危机通过这些中资企业对内地经济产生重大影响。广信和粤海的支付危机就是在这样的大背景下发生的。1999年1月11日，广东国际信托投资公司（以下简称广信）向广东省高级人民法院递交了破产申请书。广信破产时的资产总额214.71亿元，负债361.65亿元，资产负债率168.23%，资不抵债146.94亿元。广信数百亿元人民币的债务80%以上借自包括日本、美国、德国、瑞士、中国香港等国家和地区130多家银行。广信破产在国内外产生很大影响，因为人们一直以为广信具有国家信用，是不会破产的。随后是"粤海重组"。"粤海重组"实际包括四个大型企业集团的重组：一是广东省政府在香港创办的全资窗口公司粤海企业（集团）有限公司（以下简称"粤企"），二是在香港注册并上市、被粤企持有56%股权的广南（集团）有限公司（以下简称"广南"），三是在香港注册并上市、被粤企持有38.81%股权的粤海投资有限公司（以下简称"粤投"），四是广东省政府全资拥有、在澳门注册的南粤（集团）有限公司（以下简称"南粤"）。因为粤企、广南和粤投被统称为粤海集团，南粤又是与粤海集团一并实施重组的，所以，以上四个集团公司的重组被人们简称为"粤海重组"。这四大公司早前是作为广东省政府海外经营的窗口公司的，将其作为广东省对外经济合作与交流的窗口。粤海重组，涉及债权金额巨大，牵涉债权人众多。粤企、广南、粤投和南粤共欠各类债务近60亿美元，涉及银行200家左右，债券持有人超过300家，贸易债权人超过1000家。粤海重组涉及的资产金额庞大，社会影响面广。粤海共有各级正在营运或持有资产的企业572家，业务涉及金融、食品分销和加工、酒店和旅游、基建、制造、地产、超市、贸易、运输、啤酒、制革、建材12个领域，遍布中国广东和其他省份以及中国香港特别行政区和中国澳门特别行政区、美国、加拿大、法国、泰国、澳大利亚等10多个国家和地区；集团及其下属企业和联营公司分别持有5家香港上市公司的控股权。在如此复杂的情况下，粤海的重组耗时两年多。除了广信和粤海之外，其他不少在香港的中资机构在那个时候也受到巨大的信用冲击，并且波及内地。这些窗口公司都受惠于中国金融体系三大板块分割导致的结构性套利。1997年的亚洲金融危机，使得这些内地在香港的窗口公司直接面临冲击，并且把冲击带进境内。

在2008年国际金融危机过程中，中信泰富2008年10月爆出投资澳元累计期权合约（Accumulator）巨额亏损155亿元，包括约8

亿元已实现亏损及147亿元的估计亏损，并指亏损可能继续扩大。当年，中信泰富在澳大利亚经营铁矿，为了避免外汇波动的风险，购买一批澳元累计外汇期权合约，因为当时澳元大幅贬值，致使期权合约形成巨额亏损。当年10月21日，即中信泰富公布巨亏消息翌日，股份复牌，股价当日收报6.52元，重挫55%。至10月27日，股价更跌至3.66元，公司市值蒸发76%。2008年11月，中信集团决定向中信泰富注资15亿美元备用信贷，以及认购15亿美元的中信泰富可换股债券，同时又以93亿元收购其部分澳元累计期权合约。在母公司注资下，中信泰富渡过难关。中信集团在2014年再进一步整治中信泰富，在3月底宣布将整体资产注入中信泰富，借壳来港上市。中信泰富曾经是一个极其特殊的企业，是国有控股企业中信集团的一个子公司，但是前董事会主席荣智健又持有大量的股份，这是很少见到的。这是一个通过母子公司的关联，把境外冲击带进境内，中信泰富的损失由中信集团承担。

2020年的新冠肺炎疫情导致了金融市场的大幅波动。尤其是原油，从3月初暴跌不止。北京时间4月21日凌晨，美国WTI05原油期货合约，价格一度暴跌至-40.32美元/桶，下跌320%。WTI05的全称是美国西得克萨斯轻质原油5月期货合约，是全球期货及衍生品龙头芝加哥商品交易所集团（CME Group）旗下纽约商业交易所（NYMEX）上市的品种，交易代码CL。该原油期货合约具有良好的流动性、价格高度透明、最大持仓量，是国际原油市场上的三大基准价格之一。4月22日，多位中国银行"原油宝"的投资者发现，通过该产品投资WTI05原油期货合约的账户显示，持仓收益大幅亏损，预先存入银行的保证金一夜归零，还倒欠中国银行大笔保证金，中国银行并称欠款将被纳入个人征信。"原油宝"是中国银行"纸原油"的产品名称。按照现行银行法规，商业银行不得直接参与期货交易。"纸原油"的基本原理是，个人投资者通过跟银行报价实现对原油商品的买入或卖出，由于是账面操作，所以也称"纸原油"。通过这一产品设计，银行看似一个散户炒原油的通道，但在实际操作中，是将投资者的多空仓轧差结算后，再去场外平盘，银行的角色类似做市商，散户并不直接参与原油期货市场。银行每日对冲风险头寸，赚取价差、汇差和多余的保证金占用及资金利息。从法规角度看，从事国外期货交易需要一系列的条件和审批，目前不能确定"原油宝"是否具备这些流程。若是在国内市场，类似这种交易方式是法规所不允许的。按照"纸原油"的产品设计，整个操作的流程应该是：银行对客户进行双边报价，当客户跟银行做了100%的保证金交易、多空轧差后，银行与一家交易商签订远期合约，对冲手上的头寸。由于银行不得直接参与期货交易，所以银行并不是直接在期货交易所进场交易，而是通过交易商进行场外交易。因此，"纸原油"可以看成两个产品的组合：一是与客户的交易，标的物是国内客户与银行签订的衍生品合约；二是与外盘的交易，标的物是银行与交易商签订的衍生品合约。中国银行与外盘的交易亏损导致了中国银行国内客户的亏损。这种跨境交易模式也是由于国内大型银行特殊的地位所导致，这些大型银行可以跨越一些跨境限制从而获得结构性套利机会，但是同时也把境外的冲击引入国内。

◎ 小结

由于中国的改革开放两者紧密相关，中国的国内金融政策改革和金融开放也是不可分割的。我们工作的最大挑战就是要在一个不稳定的金融体系上，推动渐进性的金融改革和开放，而这种形式的推动既是不稳定的基本原因又可能造成进一步的不稳定，这也是我们面临的主要问题。在金融的开放过程中，必须充分了解我们金融体系的主要矛盾，充分认识金融开放和金融稳定之间的关系，而不是为了金融开放而开放。降低企业融资成本应该是金融开放的主要目标，从而使得金融开放不仅为实体经济服务，更是为国家战略服务。

参考文献

［ 1 ］ 何佳，2015，金融危机与政府救助，《中国金融》第19期。

［ 2 ］ 何佳，2016，中国金融监管与创新的逻辑，《中国金融》第18期。

［ 3 ］ 何佳，2017，金融稳定与金融政策的关系，《中国金融》第13期。

［ 4 ］ 何佳，2018，国际金融危机的教训及防范，《中国金融》第18期。

［ 5 ］ 何佳，2019，中国金融供给侧结构性改革，《中国金融》第18期。

［ 6 ］ Akerlof, G., 1970, *The Market for Lemons: Quality Uncertainty and the Market Mechanism*, Quarterly Journal of Economics, Vol. 84, pp. 488–500.

［ 7 ］ Allen, F., 2001, *Do Finance Institutions Matter?* Journal of Finance, August, pp. 1165–1175.

［ 8 ］ Bernanke, B., 1983, *Nonmonetary Effects of the Financial Crisis in Propagation of the Great Depression*, The American Economic Review, Vol 73, pp. 257–276.

［ 9 ］ Black, F. and Scholes, M., 1973, *The Pricing of Options and Corporate Liabilities*, The Journal of Political Economy, Vol 81, pp. 637–654.

［ 10 ］ Diamond, D. 1984, *Financial Intermediation and Delegated Monitoring*, Review of Economic Studies, Vol 51, pp. 393–414.

［ 11 ］ Diamond, D. and Dybvig, 1983, *Bank Runs, Deposit Insurance, and Liquidity*, Journal of Political Economy, Vol 91, pp. 401–419.

［12］ Fama, E., 1984, *Forward and Spot Exchange Rates, Journal of Monetary Economics*, Vol. 14, pp. 319–338.

［13］ Gorton,G., 2012, *Misunderstanding Financial Crises: Why We Don't See Them Coming*, Oxford University Press.

［14］ Gorton, G., 2010, *Slapped by the Invisible Hand, the Panic of 2007*, Oxford University Press.

［15］ Harrison, J. and Kreps, D., 1979, *Martingales and Arbitrage in a Multiperiod Securities Markets*, Journal of Economic Theory, Vol. 20, pp. 381–408.

［16］ Kornai, J., 1980, *Economics of Shortage*, North Holland, Amsterdam.

［17］ Leland, H. and Pyle, D., 1977, *Informational Asymmetries, Financial Structure, and Financial Intermediation*, The Journal of Finance, 32(2), pp. 371 - 387.

［18］ Markowize, H., 1952, *Portfolio Selection*, Journal of Finance, Vol. 7, pp. 77–91.

［19］ Modigliani, F. and Miller, M.H., 1958, *The Cost of Capital, Corporation Finance and the Theory of Investment*, The American Economic Review, Vol. 3, pp. 261–297.

［20］ Obstfeld, M., 2014, *Trilemmas and Tradeoffs: Living with Financial Globalization*.

［21］ Ross S. 1976, *The Arbitrage Theory of Capital Asset Pricing*, Journal of Economic Theory, Vol. 13, pp.341–360.

［22］ Sharpe, W.F., 1964, *Capital Asset Prices: A theory of market of market equilibrium under conditions of risk*, Journal of Finance, Vol. 19, pp. 425–442.

［23］ Von Neumann, J. and Morgenstern, O., 1944, *Theory of Games and Economic Behavior*, Princeton Univer. Press, Princeton.